みんなが欲しかった!

簿記の問題集

滝澤ななみ
Nanami Takizawa

模擬試験の
ネット試験版

模擬試験
プログラムに
チャレンジ
しよう！

本書掲載の「模擬試験」のうち1回分には、本番とまったくおなじ環境でネット試験の演習ができる、模擬試験プログラムが付属しています。実際にパソコンで解いてみると、下書用紙の使い方や、日本語入力への切り替えなど、ペーパー試験とは違った工夫が必要なことに気づかれると思います。
ネット試験を受験されるかたは、ぜひこの模擬試験プログラムをダウンロードして、ネット試験を体験してみてください。

※本サービスの提供期間は、本書の改訂版刊行月末日までです。

模擬試験プログラムへのアクセス方法

STEP 1　TAC出版　検索

STEP 2　書籍連動ダウンロードサービス にアクセス

STEP 3　パスワードを入力

21029609

Start!

はしがき

本書は、日商簿記検定に合格する力を身につけることを目的とした受験対策用の問題集です。同シリーズの『**簿記の教科書（別売り）**』が終わったあとに、本書をご使用ください。

効率よく試験に合格していただけるよう、本書に次の特徴をもたせています。

1．いきなり本試験レベルの問題からスタート

どれだけテキストの内容を理解していようと、本試験レベルの問題が解けなければ試験に合格することはできません。そこで、本シリーズでは、簿記の処理を確認するための基本的な問題については、『**簿記の教科書**』の基本問題にその役割をゆだね、本書『**簿記の問題集**』ではいきなり本試験レベルの問題から収載しています。

これによって、基本問題をテキストと問題集とで２回解くという無駄を省いています。

2．頻出の問題パターンをピックアップ

各問において、頻出の問題パターンをピックアップしているので、これらの問題をしっかりマスターすることによって、効率よく合格する力を身につけることができます。

3．３回分の模擬試験付き、さらにネット試験用模擬試験プログラムも

本試験と同様の総合問題を３回分、収載しています。時間（60分）を計って解くことによって、本試験の感覚をつかむことができます。また、購入者特典として、このうちの１回分について、本試験と同じシステムを使って問題を解いていただける模擬試験プログラムをご用意していますので、ネット試験を受けられる方は、ぜひダウンロードしてチャレンジしてみてください。

なお、３回分の模擬試験で日商３級の頻出パターンをほぼ網羅していますので、『**簿記の教科書**』と『**簿記の問題集**』の２冊だけで試験に合格することが十分可能です。

どうか本書をご活用いただき、問題を解く力を身につけてください。皆様の合格を心よりお祈り申し上げます。

※　本書は「簿記の問題集　日商３級　商業簿記　第８版」について、2021年度からの新たな試験方式と出題傾向等に対応するため、改訂を行いました。

2021年２月

滝澤ななみ

『簿記の問題集』の効果的な使いかた

❶ 個別問題を第１問対策から順次解く！

教科書の基本問題を一通りマスターしたら、本試験レベルの問題をテーマ別に解きましょう。最初のページでは設問ごとに、本試験での問われ方も解説しています。また、解答するさいは、別冊の答案用紙もご利用ください。

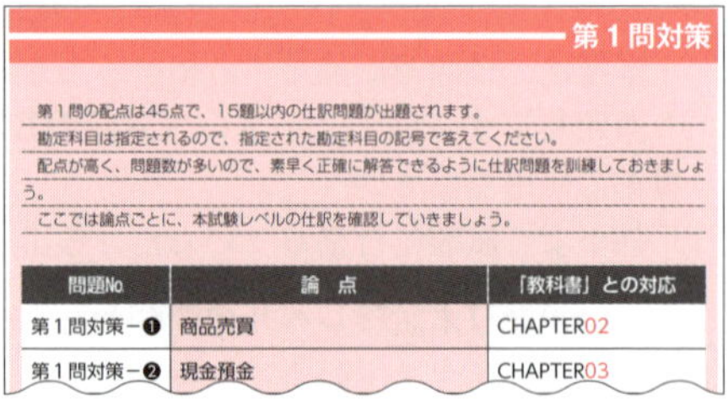
第１問対策

第１問の配点は45点で、15題以内の仕訳問題が出題されます。
勘定科目は指定されるので、指定された勘定科目の記号で答えてください。
配点が高く、問題数が多いので、素早く正確に解答できるように仕訳問題を訓練しておきましょう。
ここでは論点ごとに、本試験レベルの仕訳を確認していきましょう。

問題No.	論点	「教科書」との対応
第１問対策－❶	商品売買	CHAPTER02
第１問対策－❷	現金預金	CHAPTER03

❷ 間違えた問題は、教科書に戻って確認しましょう♪

問題ごとに、『簿記の教科書』の対応CHAPTERが記載されています。
間違えた問題は、しっかり復習しましょう。

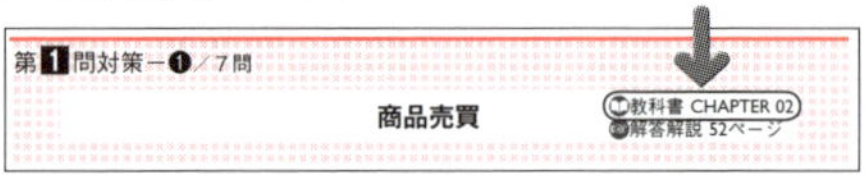
第1問対策－❶／7問

商品売買

教科書 CHAPTER 02
解答解説 52ページ

❸ 解説中のポイントは、試験直前の確認にも便利です。

教科書に戻っている時間はない！　というあなたは、問題集にも、ポイント要素がきちんとまとめられていますので、しっかり読み込み、復習しましょう。

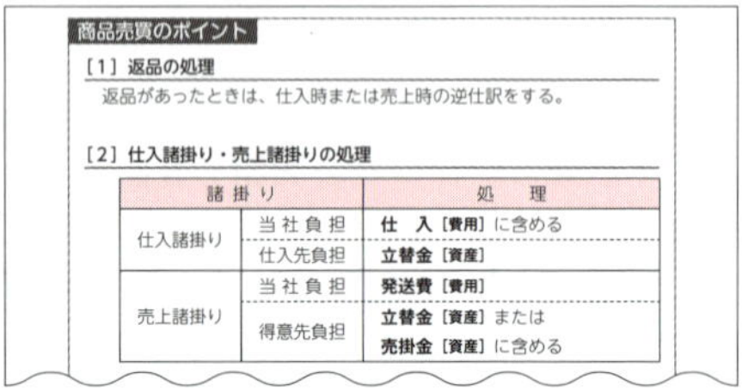
商品売買のポイント

［1］返品の処理

返品があったときは、仕入時または売上時の逆仕訳をする。

［2］仕入諸掛り・売上諸掛りの処理

諸掛り		処　理
仕入諸掛り	当社負担	仕　入［費用］に含める
	仕入先負担	立替金［資産］
売上諸掛り	当社負担	発送費［費用］
	得意先負担	立替金［資産］または 売掛金［資産］に含める

❹ 全部解けるようになったら、３回分の模擬試験問題を解く！　ネット試験受験生は模擬試験プログラムにチャレンジ！

本試験と同じ形の模擬試験です。
頻出問題が３回分に集約されているので、知識の総まとめに最適です。

簿記の問題集　日商３級

模擬試験
第１回～第３回

この冊子には、模擬試験の問題および答案用紙が収録されています。

合格☆☆

日商簿記３級試験について

受験資格	なし
試 験 日	統一試験：年３回 ６月（第２日曜日）／11月（第３日曜日）／２月（第４日曜日） ネット試験：随時（テストセンターが定める日時）
申込方法	統一試験：試験の約２か月前から開始。申込期間は、各商工会議所によって異なります。 ネット試験：テストセンターの申込サイトより随時。
受 験 料 （税込）	2,850円 ※　一部の商工会議所およびネット試験では事務手数料がかかります。
試験科目	商業簿記
試験時間	60分
合格基準	70点以上

刊行時のデータです。最新の情報は、商工会議所の検定試験ホームページ（https://www.kentei.ne.jp/）をご確認ください。

なお、簿記入門者向けに簿記初級が、原価計算入門者向けに原価計算初級がネット試験（40分）にて実施されています。

本試験の出題傾向（３級商業簿記）

第１問	仕訳問題が15題以内で出題されます。配点は45点です。 （CH.02～06、09、11、12）
第２問	商品有高帳や小口現金出納帳などの帳簿に関する問題や伝票に関する問題、訂正仕訳、決算仕訳、勘定記入などが出題されます。配点は20点です。（CH.06、07、09、12など）
第３問	精算表を作成する問題、財務諸表を作成する問題が出題されます。配点は35点です。（CH.11、12）

※CH.は、『簿記の教科書　日商３級（別売り）』の関連CHAPTERを示しています。

目次

※　模擬試験は、問題、答案用紙は別冊、解答解説は本書の中にあります。

※　答案用紙については、ダウンロードでもご利用いただけます。TAC出版書籍販売サイト・サイバーブックストアにアクセスしてください。
https://bookstore.tac-school.co.jp/

日商3級　問題編
第1問対策～第3問対策

第１問対策

第１問の配点は45点で、15題以内の仕訳問題が出題されます。

勘定科目は指定されるので、指定された勘定科目の記号で答えてください。

配点が高く、問題数が多いので、素早く正確に解答できるように仕訳問題を訓練しておきましょう。

ここでは論点ごとに、本試験レベルの仕訳を確認していきましょう。

問題No.	論　点	「教科書」との対応
第１問対策－❶	商品売買	CHAPTER02
第１問対策－❷	現金預金	CHAPTER03
第１問対策－❸	手形と電子記録債権（債務）	CHAPTER04
第１問対策－❹	有形固定資産	CHAPTER05、11
第１問対策－❺	その他の取引	CHAPTER06
第１問対策－❻	決算に関する取引等	CHAPTER11、12
第１問対策－❼	伝票の起票	CHAPTER09

第1問対策－❶／7問

商品売買

教科書 CHAPTER 02
解答解説 52ページ

次の取引について仕訳しなさい。ただし、勘定科目は各取引の下の勘定科目の中からもっとも適当と思われるものを選び、記号で解答すること。

1．商品￥50,000を仕入れ、代金のうち￥10,000はすでに支払った手付金を充当し、残額は掛けとした。なお、引取運賃￥1,000は現金で支払った。

ア．現金　イ．売掛金　ウ．前払金　エ．前受金　オ．買掛金　カ．仕入

2．先週末に掛けで仕入れた商品50個（@￥6,000）のうち、本日、５分の１を返品し、代金は掛け代金から控除した。

ア．現金　イ．売掛金　ウ．商品　エ．買掛金　オ．売上　カ．仕入

3．得意先に掛けで商品80個（取得原価は@￥5,000、売価は@￥8,000）を販売していたが、このうち２個が品違いのため、返品されてきた。

ア．現金　イ．売掛金　ウ．商品　エ．買掛金　オ．売上　カ．仕入

4．北海道商事は青森商事に商品￥200,000を販売し、代金は月末に受け取ることにした。なお、青森商事負担の発送運賃￥3,000を小切手を振り出して立替払いした。

ア．現金　イ．当座預金　ウ．売掛金　エ．買掛金　オ．売上　カ．発送費

5．商品￥200,000をクレジット払いの条件で販売するとともに、信販会社へのクレジット手数料（販売代金の２％）を計上した。

ア．現金　イ．当座預金　ウ．売掛金　エ．クレジット売掛金　オ．売上
カ．支払手数料

6．東京商事は、埼玉商事に対する１か月の売上（月末締め、翌月末日払い）を集計して次の請求書の原本を発送した。なお、埼玉商事に対する売上は、商品発送時ではなく、１か月分をまとめて仕訳を行うこととしている。

請　求　書（控）

埼玉商事　御中

株式会社東京商事

品　　物	数　量	単　価	金　額
ミートソース	200	100	￥20,000
カルボナーラ	150	140	￥21,000
ペペロンチーノ	100	180	￥18,000
	合　計		￥59,000

×2年８月31日までに合計額を下記口座へお振込みください。

双葉銀行丸の内支店　普通　1234567　カ）トウキョウショウジ

ア．現金　イ．当座預金　ウ．売掛金　エ．買掛金　オ．売上　カ．発送費

第1問対策－❷／7問

現金預金

教科書 CHAPTER 03
解答解説 55ページ

次の取引について仕訳しなさい。ただし、勘定科目は各取引の下の勘定科目の中からもっとも適当と思われるものを選び、記号で解答すること。

1．得意先秋田商事から掛け代金の決済として、送金小切手￥100,000が送られてきた。
　ア．現金　イ．当座預金　ウ．普通預金　エ．売掛金　オ．買掛金
　カ．支払手数料

2．決算日において、現金過不足（現金不足額）￥5,000の原因を調査した結果、通信費￥7,000と受取手数料￥2,000の計上もれが判明した。
　ア．現金　イ．受取手数料　ウ．雑益　エ．通信費　オ．雑損　カ．現金過不足

3．小口現金係から、次のとおり1週間分の支払報告を受けたため、ただちに支払額と同額の小切手を振り出して資金を補給した。なお、当社では、定額資金前渡制度（インプレスト・システム）により、小口現金係から毎週金曜日に一週間の支払報告を受け、これにもとづいて資金を補給している。
　電車代　￥7,200　文房具代　￥6,700　切手代　￥2,400
　お茶菓子代　￥2,200
　ア．当座預金　イ．旅費交通費　ウ．消耗品費　エ．通信費　オ．雑費
　カ．雑損

4．営業活動で利用する電車とバスの料金支払用ＩＣカードに、現金￥10,000を入金し、領収証を受け取った。なお、入金時に全額を費用処理する方法を用いている。
　ア．現金　イ．普通預金　ウ．前払金　エ．前受金　オ．旅費交通費
　カ．支払手数料

5．A銀行とX信用金庫に当座預金口座を開設し、それぞれの当座預金口座に現金￥100,000を預け入れた。なお、管理のために口座ごとに勘定を設定することとした。

ア．現金　イ．普通預金A銀行　ウ．普通預金X信用金庫　エ．当座預金A銀行　オ．当座預金X信用金庫

第1問対策－❸／7問

手形と電子記録債権（債務）

教科書 CHAPTER 04
解答解説 58ページ

次の取引について仕訳しなさい。ただし、勘定科目は各取引の下の勘定科目の中からもっとも適当と思われるものを選び、記号で解答すること。

1．宮城商事より商品¥300,000を仕入れ、代金のうち¥100,000については、約束手形を振り出し、残額は掛けとした。

ア．売掛金　イ．受取手形　ウ．買掛金　エ．支払手形　オ．売上　カ．仕入

2．得意先茨城商事に商品¥800,000を販売し、代金のうち¥300,000は同社振出の約束手形を受け取り、残額は掛けとした。なお、当社負担の発送運賃¥5,200については現金で支払った。

ア．現金　イ．売掛金　ウ．受取手形　エ．売上　オ．仕入　カ．発送費

3．埼玉商事は、群馬商事に対する買掛金¥100,000の支払いについて、電子記録債務を用いることとし、同社の承諾を得たうえで、取引銀行を通じて電子記録債務の発生記録を行った。

ア．売掛金　イ．受取手形　ウ．電子記録債権　エ．買掛金　オ．支払手形
カ．電子記録債務

4．以前に買掛金¥100,000の決済として電子記録債務の発生記録を行っていたが、本日、その支払期限となったため、当座預金口座から決済された。

ア．当座預金　イ．普通預金　ウ．受取手形　エ．電子記録債権　オ．買掛金
カ．電子記録債務

有形固定資産

教科書 CHAPTER 05、11
解答解説 60ページ

次の取引について仕訳しなさい。ただし、勘定科目は各取引の下の勘定科目の中からもっとも適当と思われるものを選び、記号で解答すること。

1．店舗用の建物を￥2,000,000で購入し、代金は当月末に支払うことにした。なお、仲介手数料￥20,000は小切手を振り出して支払った。

ア．当座預金　イ．売掛金　ウ．未収入金　エ．建物　オ．買掛金
カ．未払金

2．オフィス機器￥250,000と事務用の消耗品￥20,000を購入し、代金のうち￥70,000は小切手を振り出して支払い、残額は来月末からの4回払いとした。

ア．当座預金　イ．未収入金　ウ．備品　エ．買掛金　オ．未払金
カ．消耗品費

3．所有する土地（購入価額￥850,000、購入手数料￥17,000）を￥855,000で売却し、代金は後日受け取ることにした。

ア．売掛金　イ．未収入金　ウ．土地　エ．固定資産売却益　オ．支払手数料
カ．固定資産売却損

4．当期首において、備品（取得原価￥400,000、減価償却累計額￥225,000、間接法で記帳）を￥182,000で売却し、代金は後日受け取ることにした。

ア．普通預金　イ．未収入金　ウ．備品　エ．固定資産売却益
オ．固定資産売却損　カ．備品減価償却累計額

5．車両（×2年４月１日に取得、取得原価￥3,000,000、残存価額はゼロ、耐用年数６年、減価償却方法は定額法、間接法により記帳）を×6年６月30日に￥1,000,000で売却し、売却代金は翌月末日に受け取ることにした。なお、当社の決算日は３月31日である。減価償却費は月割計算によること。

ア．未収入金　イ．車両運搬具　ウ．固定資産売却益　エ．減価償却費
オ．固定資産売却損　カ．車両運搬具減価償却累計額

6．営業用の建物の改良と修繕を行い、代金￥3,000,000を小切手を振り出して支払った。なお、支払額のうち￥2,200,000は建物の価値を高めるための資本的支出であり、残額は建物の機能を維持するための収益的支出である。

ア．当座預金　イ．普通預金　ウ．建物　エ．固定資産売却益　オ．修繕費
カ．固定資産売却損

その他の取引

教科書 CHAPTER 06
解答解説 63ページ

次の取引について仕訳しなさい。ただし、勘定科目は各取引の下の勘定科目の中からもっとも適当と思われるものを選び、記号で解答すること。

1．取引先より￥100,000を借り入れ、その全額が当座預金の口座に振り込まれた。なお、借入れにさいして約束手形を振り出している。

ア．当座預金　イ．普通預金　ウ．手形貸付金　エ．支払手形　オ．手形借入金

2．得意先に対して年利率2.4％、期間10か月で￥600,000を貸し付けていたが、本日満期日のため、利息とともに返済を受け、当座預金口座に入金された。

ア．当座預金　イ．普通預金　ウ．貸付金　エ．借入金　オ．受取利息
カ．支払利息

3．山梨商事に商品￥100,000を注文し、手付金として￥40,000を小切手を振り出して渡した。

ア．現金　イ．当座預金　ウ．前払金　エ．未収入金　オ．前受金　カ．仕入

4．商品￥40,000の注文を受け、手付金として先方振出の小切手￥20,000を受け取った。

ア．現金　イ．当座預金　ウ．前払金　エ．前受金　オ．売上　カ．仕入

5．仕入先に注文しておいた商品を本日引き取った。代金￥300,000については、注文時に支払った手付金￥30,000を差し引き、残額については約束手形を振り出した。

ア．当座預金　イ．受取手形　ウ．前払金　エ．支払手形　オ．前受金
カ．仕入

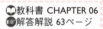

6．得意先静岡商事から当座預金口座に¥80,000の振り込みがあった。このうち¥50,000は商品の注文を受けたさいの内金であるが、残額については内容不明であり、現在、問い合わせ中である。

ア．当座預金　イ．売掛金　ウ．仮払金　エ．仮受金　オ．前受金　カ．売上

7．従業員の出張にさいし、旅費の概算額¥50,000を現金で渡した。

ア．現金　イ．当座預金　ウ．仮払金　エ．未払金　オ．仮受金
カ．旅費交通費

8．従業員が出張から戻り、旅費の残額として¥5,500を現金で受け取った。なお、出張にあたって、従業員には旅費の概算額¥60,000を手渡していた。

ア．現金　イ．当座預金　ウ．仮払金　エ．未払金　オ．仮受金
カ．旅費交通費

9．従業員が出張から帰社し、旅費の精算をしたところ、あらかじめ概算額で仮払いしていた¥30,000では足りず、不足額¥5,000を従業員が立替払いしていた。なお、この不足額は次の給料支払時に従業員へ支払うため、未払金として計上した。

ア．仮払金　イ．前払金　ウ．立替金　エ．未払金　オ．給料　カ．旅費交通費

10．出張中の従業員から当座預金口座に振り込まれ、仮受金として処理していた¥70,000は、得意先から回収した売掛代金であることが判明した。

ア．当座預金　イ．売掛金　ウ．仮払金　エ．前払金　オ．仮受金　カ．前受金

11．従業員に対する給料の支払いにあたって、給料総額¥580,000のうち、かねて立替払いしていた従業員負担の生命保険料¥15,000と、所得税の源泉徴収分¥87,000を差し引き、残額は現金で支給した。

ア．現金　イ．仮払金　ウ．前払金　エ．従業員立替金　オ．所得税預り金
カ．給料

12. 給料日に、給料総額から源泉所得税￥40,000を差し引き、残額￥360,000を当座預金口座から従業員の普通預金口座に振り込んだ。

ア．現金　イ．当座預金　ウ．前払金　エ．従業員立替金　オ．所得税預り金
カ．給料

13. 7月1日、本年度の雇用保険料￥72,000を一括して現金で納付した。このうち従業員負担分は￥24,000（月額￥2,000）で、残額は会社負担分である。従業員負担分については、4月から6月までの3か月分は給料から毎月月額相当額を差し引いて支給しているが、7月以降の9か月分については、いったん会社が立て替えて支払い、その後の毎月の給料から精算することとしている。

ア．現金　イ．従業員立替金　ウ．所得税預り金　エ．社会保険料預り金
オ．給料　カ．法定福利費

14. 商品￥80,000を売り上げ、代金のうち￥50,000は自治体が発行している商品券で受け取り、残額は現金で受け取った。

ア．現金　イ．売掛金　ウ．受取手形　エ．受取商品券　オ．売上　カ．仕入

15. 上記14.の商品券をすべて精算し、同額の現金を受け取った。

ア．現金　イ．売掛金　ウ．受取手形　エ．受取商品券　オ．売上　カ．仕入

16. 新規の店舗としてビルの3階部分を1か月あたり￥234,000で賃借する契約を結んだ。契約にあたり敷金（家賃の2か月分）および不動産業者に対する仲介手数料（家賃の1か月分）を小切手を振り出して支払った。

ア．現金　イ．当座預金　ウ．差入保証金　エ．支払家賃　オ．支払地代
カ．支払手数料

17. 建物と土地の固定資産税￥350,000の納付書を受け取り、ただちに当座預金口座から振り込み、納付した。

ア．現金　イ．当座預金　ウ．建物　エ．土地　オ．支払手数料
カ．租税公課

18. 商品¥200,000（税抜価額）を仕入れ、代金は消費税10％を含めて掛けとした。なお、消費税については税抜方式で処理する。

ア．現金　イ．仮払消費税　ウ．買掛金　エ．仮受消費税　オ．未払消費税
カ．仕入

19. 福島商事に商品¥550,000（消費税¥50,000を含む）を売り上げ、代金のうち¥300,000は約束手形（同社振出）で受け取り、残額については小切手（同社振出）で受け取った。なお、消費税については税抜方式で処理する。

ア．現金　イ．当座預金　ウ．売掛金　エ．受取手形　オ．仮払消費税
カ．仮受消費税　キ．売上

20. 株式会社の設立にあたり、株式100株を１株あたり¥20,000で発行し、払込金額のすべてが普通預金口座に預け入れられた。

ア．現金　イ．当座預金　ウ．普通預金　エ．前受金　オ．資本金
カ．繰越利益剰余金

21. 事務作業に使用する物品を購入し、品物とともに次の請求書を受け取った。なお、代金は後日支払うこととした。

請　求　書

東京商事株式会社　御中

株式会社うなぎ電器

品　　物	数　量	単　価	金　額
デスクトップパソコン	1	250,000	¥250,000
プリンター用紙（500枚入）	10	500	¥　5,000
セッティング代	1	4,000	¥　4,000
	合　計		¥259,000

×2年10月31日までに合計額を下記口座へお振込みください。
友住銀行東新宿支店　普通　1234567　カ）ウナギデンキ

ア．現金　イ．備品　ウ．買掛金　エ．未払金　オ．消耗品費　カ．支払手数料

22. 出張から戻った従業員から次の領収書と報告書が提出されるとともに、以前に概算払いしていた￥20,000との差額を現金で受け取った。なお、電車賃は領収書なしでも費用計上することにしている。

旅費交通費支払報告書

佐藤太郎

移動先	手段等	領収書	金　額
高崎駅	電車	無	￥　1,400
浅間商事　高崎支店	タクシー	有	￥　3,500
帰社	電車	無	￥　1,400
	合　計		￥　6,300

領　収　書

運賃　￥3,500－

上記のとおり領収いたしました。

群馬交通㈱

領　収　書

金額　￥10,500－

但し、宿泊料として

上記のとおり領収いたしました。

ホテルまんまる

ア．現金　イ．仮払金　ウ．前払金　エ．仮受金　オ．未払金　カ．旅費交通費

23. 事務所の賃借契約を行い、以下の振込依頼書どおりに普通預金口座から振り込み、賃借を開始した。なお、仲介手数料は費用として処理すること。

振　込　依　頼　書

東京商事株式会社　御中

株式会社山根不動産

ご契約いただき、ありがとうございます。下記の金額を以下の口座へお振込みいただきますよう、よろしくお願いいたします。

内　容		金　額
仲介手数料		¥ 75,000
敷金		¥300,000
初月賃料		¥150,000
	合　計	¥525,000

みずたま銀行　江戸川橋支店　当座4649103　カ）ヤマネフドウサン

ア．現金　イ．普通預金　ウ．差入保証金　エ．支払家賃　オ．支払地代
カ．支払手数料

24. 商品を仕入れ、品物とともに次の納品書を受け取り、代金は後日支払うこととした。なお、消費税については税抜方式で処理する。

納　品　書

東金商事　御中

つくば商事株式会社

品　物	数　量	単　価	金　額
ファンシーボックス（S）	30	500	¥15,000
ファンシーボックス（M）	25	800	¥20,000
ファンシーボックス（L）	20	1,200	¥24,000
	消費税		¥ 5,900
	合　計		¥64,900

ア．現金　イ．仮払消費税　ウ．買掛金　エ．仮受消費税　オ．未払消費税
カ．仕入

25. 先日、商品￥86,000を掛けで仕入れたが、この取引について借方、貸方とも誤って￥68,000と記帳していた。よって、正しい金額に修正した。なお、修正にあたっては、取引すべてを修正するのではなく、一部のみを修正する方法によること。

ア．現金　イ．売掛金　ウ．前払金　エ．買掛金　オ．売上　カ．仕入

第1問対策－❻／7問

決算に関する取引等

教科書 CHAPTER 11、12
解答解説 71ページ

次の取引について仕訳しなさい。ただし、勘定科目は各取引の下の勘定科目の中からもっとも適当と思われるものを選び、記号で解答すること。

1．期中において、現金の実際残高が帳簿残高より多かったため、現金過不足勘定で処理していた¥6,000のうち、¥2,000は受取手数料の記入漏れであることが判明した。なお、残額については決算日現在、不明のため、適当な科目に振り替えた。

ア．現金　イ．受取手数料　ウ．雑益　エ．支払手数料　オ．雑損
カ．現金過不足

2．決算において、A銀行の当座預金口座が当座借越¥25,000となっている状態なので、適切な勘定に振り替える。なお、当社は複数の金融機関を利用しており、他の金融機関でも当座預金口座を開設しているため、口座ごとに勘定を設定している。また、当社は当座借越勘定を用いていない。

ア．普通預金A銀行　イ．当座預金A銀行　ウ．貸付金　エ．借入金
オ．受取利息　カ．支払利息

3．前期の決算において、当座借越¥200,000が生じていたので、借入金に振り替える処理をしていたが、当期首においてこれを振り戻す処理を行う。

ア．当座預金　イ．普通預金　ウ．貸付金　エ．借入金　オ．受取利息
カ．支払利息

4．決算において、すでに費用処理されている切手（84円切手）50枚と、はがき（@¥63）20枚が未使用であることが判明したため、適切な勘定に振り替える。

ア．前払金　イ．貯蔵品　ウ．消耗品費　エ．通信費　オ．租税公課　カ．雑費

5．得意先が倒産し、売掛金￥60,000（全額、前期に発生したものである）が回収不能となったので、貸倒れの処理を行う。なお、貸倒引当金の残高は￥20,000である。

ア．売掛金　イ．貸倒引当金　ウ．償却債権取立益　エ．貸倒損失

オ．貸倒引当金繰入　カ．雑損

6．前期に貸倒処理した岡山商事に対する売掛金￥20,000のうち、￥15,000を現金で回収した。なお、貸倒引当金の残高は￥4,000である。

ア．現金　イ．売掛金　ウ．貸倒引当金　エ．償却債権取立益　オ．貸倒損失

カ．貸倒引当金繰入

7．当期首において、前期末の決算によって計上した未払利息￥22,000について再振替仕訳を行った。

ア．未収利息　イ．前払利息　ウ．未払利息　エ．前受利息　オ．受取利息

カ．支払利息

8．当期の収益総額は￥1,230,000で費用総額は￥876,000であった。この差額を損益勘定から繰越利益剰余金勘定へ振り替える。

ア．収益　イ．費用　ウ．損益　エ．資本金　オ．利益準備金

カ．繰越利益剰余金

9．株主総会において、繰越利益剰余金を財源として、株主配当金￥500,000、利益準備金積立額￥50,000が承認された。株主配当金については承認後、ただちに普通預金口座を通じて支払った。

ア．当座預金　イ．普通預金　ウ．資本金　エ．利益準備金

オ．繰越利益剰余金　カ．損益

10. 以下の納付書にもとづき、普通預金口座から振り込んだ。

領　収　証　書

科目	
	法人税

		納期等の区分	×20401 ×30331
本　　税	160,000		
○　○　税			
△　△　税			
□　□　税			
合　計　額	¥160,000		

中間申告（○印）　確定申告

住所	東京都××区
氏名	東京商事株式会社

出納印
×2.11.29
双葉銀行

ア．普通預金　イ．仮払法人税等　ウ．未払法人税等　エ．租税公課
オ．法人税、住民税及び事業税

11. 以下の納付書にもとづき、普通預金口座から振り込んだ。

領　収　証　書

科目	
	法人税

		納期等の区分	×20401 ×30331
本　　税	280,000		
○　○　税			
△　△　税			
□　□　税			
合　計　額	¥280,000		

中間申告　確定申告（○印）

住所	東京都××区
氏名	東京商事株式会社

出納印
×3.5.29
双葉銀行

ア．普通預金　イ．仮払法人税等　ウ．未払法人税等　エ．租税公課
オ．法人税、住民税及び事業税

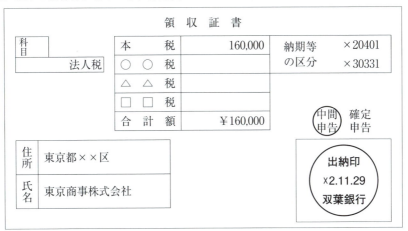

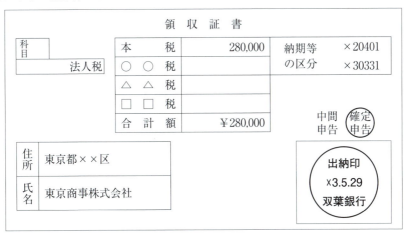

伝票の起票

教科書 CHAPTER 09
解答解説 76ページ

次の取引について仕訳しなさい。ただし、勘定科目は各取引の下の勘定科目の中からもっとも適当と思われるものを選び、記号で解答すること。

1．商品¥80,000を掛けで仕入れた。なお、引取運賃¥1,000は現金で支払った。この取引について出金伝票の記載が下記であった場合の振替伝票に記載される仕訳をしなさい。なお、当社は三伝票制を採用している。

出　金　伝　票	
科　　目	金　額
仕　　入	1,000

ア．現金　イ．売掛金　ウ．買掛金　エ．仕入　オ．発送費　カ．売上

2．商品¥120,000を売り上げた。なお、代金のうち¥20,000は先方振出しの小切手で受け取り、残額は掛けとした。この取引について入金伝票の記載が下記であった場合の振替伝票に記載される仕訳をしなさい。なお、当社は三伝票制を採用している。

入　金　伝　票	
科　　目	金　額
売　掛　金	20,000

ア．現金　イ．当座預金　ウ．売掛金　エ．買掛金　オ．仕入　カ．売上

MEMO

第２問対策

第２問の配点は20点で、補助簿、勘定記入、適語補充などから２題出題されます。
ここでは全体的に幅広く、教科書の内容を確認しておきましょう。

問題No.	論　点	「教科書」との対応
第２問対策－❶	小口現金出納帳	CHAPTER07
第２問対策－❷	手形記入帳－Ⅰ	CHAPTER07
第２問対策－❸	手形記入帳－Ⅱ	CHAPTER07
第２問対策－❹	売掛金元帳、買掛金元帳－Ⅰ	CHAPTER07
第２問対策－❺	売掛金元帳、買掛金元帳－Ⅱ	CHAPTER07
第２問対策－❻	商品有高帳－Ⅰ	CHAPTER07
第２問対策－❼	商品有高帳－Ⅱ	CHAPTER07
第２問対策－❽	補助簿の選択	CHAPTER07
第２問対策－❾	勘定記入－Ⅰ	CHAPTER07
第２問対策－❿	勘定記入－Ⅱ	CHAPTER02、07
第２問対策－⓫	勘定記入－Ⅲ	CHAPTER07
第２問対策－⓬	勘定記入－Ⅳ	CHAPTER07
第２問対策－⓭	勘定記入－Ⅴ	CHAPTER07
第２問対策－⓮	勘定記入－Ⅵ	CHAPTER07、12
第２問対策－⓯	決算仕訳	CHAPTER12
第２問対策－⓰	証ひょうからの読み取り	参考
第２問対策－⓱	伝票－Ⅰ	CHAPTER09
第２問対策－⓲	伝票－Ⅱ	CHAPTER09
第２問対策－⓳	仕訳日計表	CHAPTER09
第２問対策－⓴	文章の完成	CHAPTER06～09、11

小口現金出納帳

教科書 CHAPTER 07
解答解説 78ページ

次の資料にもとづいて、答案用紙の小口現金出納帳を完成させるとともに、答案用紙に示した日付に行われるべき仕訳を示しなさい。ただし、勘定科目は下記の中からもっとも適当と思われるものを選び、記号で解答すること。

ア．小口現金　イ．当座預金　ウ．旅費交通費　エ．消耗品費
オ．通信費　カ．雑費

［資　料］

(1) 当社は、×5年４月より小口現金について定額資金前渡法（インプレスト・システム）を採用し、月曜日に会計係が一定額の資金を小口現金係に前渡しし、金曜日に小口現金係は会計係に支払報告を行うことにしている。

(2) 会計係は、小口現金係からの支払報告にもとづいて翌週の月曜日に資金を補給している。

第2問対策−❷／20問

手形記入帳−Ⅰ

教科書 CHAPTER 07
解答解説 80ページ

次の帳簿の名称を答案用紙の（　　）の中に記入し、あわせてこの帳簿に記録されている諸取引（答案用紙に記載された日付の取引）の仕訳をしなさい。ただし、帳簿の名称および勘定科目は下記の中からもっとも適当と思われるものを選び、記号で解答すること。

ア．当座預金　イ．売掛金　ウ．受取手形　エ．買掛金　オ．支払手形

カ．売上　キ．仕入

（　　　　　）記入帳

×年		手形種類	手形番号	摘要	支払人	振出人または裏書人	振出日		満期日		支払場所	手形金額	てん末		
							月	日	月	日			月	日	摘要
9	15	約手	5	売上	浦和商事	浦和商事	9	15	12	15	東南銀行	300,000	12	15	当座預金口座に入金
10	5	約手	12	売掛金	大宮商事	大宮商事	10	5	1	5	北西銀行	500,000			

第2問対策−❸／20問

手形記入帳−Ⅱ

教科書 CHAPTER 07
解答解説 81ページ

次の帳簿の名称を答案用紙の（　　）の中に記入し、あわせてこの帳簿に記録されている諸取引（答案用紙に記載された日付の取引）の仕訳をしなさい。ただし、帳簿の名称および勘定科目は下記の中からもっとも適当と思われるものを選び、記号で解答すること。

ア．当座預金　イ．売掛金　ウ．受取手形　エ．買掛金　オ．支払手形

カ．売上　キ．仕入

（　　　　　）記入帳

×年		手形種類	手形番号	摘要	受取人	振出人	振出日		満期日		支払場所	手形金額	てん末		
							月	日	月	日			月	日	摘要
4	10	約手	21	仕入	新宿商事	当社	4	10	7	10	北西銀行	500,000	7	10	当座預金口座から引き落し
5	15	約手	22	買掛金	池袋商事	当社	5	15	9	15	東南銀行	700,000			

第2問対策－❹／20問

売掛金元帳・買掛金元帳－Ⅰ

教科書 CHAPTER 07
解答解説 82ページ

次の［3月中の取引］にもとづき、答案用紙の売掛金元帳（鳥取商事）に記入するとともに、月末における売掛金明細表を完成させなさい。なお、売掛金元帳の摘要欄には下記の〈摘要欄の語群〉の中からもっとも適当なものを選び、その記号を記入すること。

［3月中の取引］

7日　鳥取商事へ商品￥140,000を、岡山商事へ商品￥120,000をそれぞれ売り上げ、代金は掛けとした。

15日　鳥取商事へ商品￥300,000を売り上げ、代金のうち半額は約束手形で受け取り、残額は掛けとした。

16日　岡山商事へ商品￥200,000を売り上げ、代金は掛けとした。

18日　鳥取商事へ15日に売り上げた商品のうち￥50,000が品違いのため返品された。なお、代金は同社に対する売掛金から差し引いた。

25日　売掛金の回収として鳥取商事から￥200,000、岡山商事から￥300,000をそれぞれ小切手で回収した。

〈摘要欄の語群〉

ア．掛け売上　　イ．約束手形の受け取り　　ウ．返品

エ．小切手による回収　　オ．前月繰越　　カ．次月繰越

第2問対策－❺／20問

売掛金元帳・買掛金元帳－Ⅱ

教科書 CHAPTER 07
解答解説 84ページ

当社は買掛金元帳を補助元帳として用いている。次の資料にもとづいて、買掛金元帳の島根商事勘定と広島商事勘定の５月31日時点の残高をそれぞれ求めなさい。

［資料Ⅰ］

５月１日時点における買掛金の残高は、島根商事￥60,000、広島商事￥45,000である。

［資料Ⅱ］５月中の取引

５月８日　島根商事より商品Ａ（@￥1,000）を50個仕入れ、代金は掛けとした。

10日　広島商事より商品Ｂ（@￥1,500）を80個仕入れ、代金のうち￥20,000は小切手を振り出して支払い、残額は掛けとした。

12日　10日に仕入れた商品Ｂのうち10個を返品した。なお、代金は掛け代金から減額することとした。

18日　島根商事より商品Ａ（@￥1,100）を70個仕入れ、代金のうち半分は約束手形を振り出し、残額は掛けとした。

23日　山口商事より商品Ｂ（@￥1,400）を60個仕入れ、代金は掛けとした。

30日　島根商事に対する買掛金￥70,000と広島商事に対する買掛金￥85,000をそれぞれ小切手を振り出して支払った。

商品有高帳－Ⅰ

教科書 CHAPTER 07
解答解説 85ページ

次の資料にもとづいて、答案用紙の商品有高帳に記入しなさい。ただし、商品の払出単価の決定方法は先入先出法を採用し、仕入戻しの商品有高帳への記入は、払出欄に行うこと。

［資　料］

5月10日	仕　　入	30個	@¥320
14日	売　　上	25個	@¥500
20日	仕　　入	45個	@¥330
22日	仕入戻し （5月20日仕入分）	5個	@¥330
24日	売　　上	40個	@¥560

商品有高帳－Ⅱ

教科書 CHAPTER 07
解答解説 86ページ

次の資料にもとづいて、下記の各問に答えなさい。

［資　料］

6月8日	仕　　入	20個	@¥240
10日	売　　上	30個	@¥350
15日	仕　　入	40個	@¥250
20日	売　　上	20個	@¥360
26日	仕　　入	15個	@¥256
28日	仕入戻し	5個	@¥256

問1　答案用紙の商品有高帳に記入しなさい。ただし、商品の払出単価の決定方法は移動平均法を採用し、仕入戻しの商品有高帳への記入は、払出欄に行うこと。

問2　6月中の売上総利益を計算しなさい。

補助簿の選択

教科書 CHAPTER 07
解答解説 88ページ

当社は答案用紙に記載している補助簿を用いている。次の取引はどの補助簿に記入されるか、答案用紙の補助簿の記号に○印をつけなさい。

(1) 愛媛商事から商品￥40,000を仕入れ、代金のうち半分は約束手形を振り出して支払い、残額は掛けとした。

(2) 徳島商事に対する売掛金￥50,000を同社振出の小切手で受け取った。

(3) さきに掛けで仕入れた商品のうち、￥1,000を返品した。なお、代金は掛け代金から減額する。

(4) 高知商事に商品￥60,000を売り上げ、代金のうち￥20,000は高知商事振出の約束手形で受け取り、残額は掛けとした。なお、当社負担の発送運賃￥1,500は現金で支払った。

(5) 先月、建物￥10,000,000と土地￥15,000,000を購入する契約をしており、本日、建物および土地の引き渡しを受けた。購入代金のうち￥2,000,000は契約時に支払い仮払金として処理していた手付金を充当し、残額は当座預金口座から振り込んだ。

勘定記入－Ⅰ

教科書 CHAPTER 07
解答解説 90ページ

次の資料にもとづいて、（ア）から（エ）に入る適切な金額を、（A）には用語を答案用紙に記入しなさい。なお、減価償却は定額法にもとづいて行われており、減価償却費は月割計算によって計上している。当社の決算日は毎年３月31日である。

［資　料］

固定資産台帳

×5年３月31日現在

取得年月日	名称等	期末数量	耐用年数	期首（期中取得）取得原価	期首減価償却累計額	差引期首（期中取得）帳簿価額	当期減価償却費
備品							
×1年４月１日	備品A	1	５年	500,000	300,000	200,000	100,000
×3年10月１日	備品B	1	８年	768,000	48,000	720,000	96,000
×4年７月１日	備品C	2	６年	864,000	0	864,000	108,000
小　計				2,132,000	348,000	1,784,000	304,000

備　　品

日付			摘要	借方	日付			摘要	貸方
×4	4	1	前期繰越	（　ア　）	×5	3	31	次期繰越	（　　）
	7	1	当座預金	（　イ　）					
				（　　）					（　　）

備品減価償却累計額

日付			摘要	借方	日付			摘要	貸方
×5	3	31	次期繰越	（　　）	×4	4	1	前期繰越	（　ウ　）
					×5	3	31	（　A　）	（　エ　）
				（　　）					（　　）

第2問対策−⑩／20問

勘定記入−Ⅱ

教科書 CHAPTER 02、07
解答解説 92ページ

当社の10月中における商品売買取引を分記法によって各勘定に記入すると次のようになる。これを三分法で処理した場合、勘定記入はどのようになるか。答案用紙の各勘定に記入しなさい（勘定の締め切りは不要である）。ただし、同一の日付の取引は一つの取引を転記したものである。なお、勘定科目は下記の中からもっとも適当と思われるものを選び、記号で解答すること。

ア．当座預金　イ．売掛金　ウ．受取手形　エ．買掛金　オ．支払手形
カ．売上　キ．仕入

［資　料］10月中における商品売買取引

商　品

10/1	前月繰越	10,000	10/8	売掛金	56,000
5	当座預金	50,000	14	買掛金	5,000
12	買掛金	70,000	18	売掛金	63,000
21	売掛金	7,000	30	受取手形	42,000
25	支払手形	20,000			

商品売買益

10/21	売掛金	3,000	10/8	売掛金	24,000
			18	売掛金	27,000
			30	受取手形	18,000

勘定記入－Ⅲ

教科書 CHAPTER 07
解答解説 96ページ

当社の10月中の買掛金に関する取引の記録は次のとおりである。①、②には帳簿名を、③には語句を、④～⑩には金額を記入しなさい。なお、商品売買は三分法により処理しているものとし、①～③は下記の中からもっとも適当なものを選び、記号で答えること。

ア．仕訳帳　イ．総勘定元帳　ウ．仕入先元帳　エ．得意先元帳　オ．売上
カ．仕入

主要簿

①

買掛金

10/8	（③）	（④）	10/1	前月繰越	96,000
22	（　）	1,000	5	（　）	（⑥）
25	当座預金	（⑤）	20	（　）	（　）
31	次月繰越	（　）			
		（　）			（　）

補助簿

②

東京商事

10/8	返品	500	10/1	前月繰越	46,000
25	支払い	35,000	5	仕入	20,000
31	次月繰越	（⑦）			
		（　）			（　）

群馬商事

10/22	返品	（⑧）	10/1	前月繰越	（⑩）
25	支払い	（⑨）	20	仕入	30,000
31	次月繰越	54,000			
		（　）			（　）

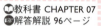

勘定記入－Ⅳ

教科書 CHAPTER 07
解答解説 99ページ

当社（当期は×2年4月1日から×3年3月31日まで）における保険料の支払いが生じた取引および決算整理事項にもとづいて、答案用紙の保険料勘定と前払保険料勘定に必要な記入をして締め切りなさい。なお、勘定記入にあたっては、日付、摘要、金額を（　　）内に取引日順に記入すること。ただし、摘要欄に記入する語句は下記の［語群］からもっとも適当と思われるものを選び、記号で答えること。

［語　群］
ア．現金　イ．普通預金　ウ．当座預金　エ．前払保険料　オ．保険料　カ．損益
キ．次期繰越

×2年12月1日　建物の購入にさいし、向こう6か月分の火災保険料￥60,000（1か月あたり￥10,000）を普通預金口座から支払った。
×3年3月31日　決算において、12月1日に支払った火災保険料のうち次期分を前払処理した。

第2問対策－⑬／20問

勘定記入－V

教科書 CHAPTER 07
解答解説 100ページ

次の各勘定の空欄（アからコ）にあてはまる語句または金額を答えなさい。なお、決算日は３月31日である。

支　払　地　代

4/1	[　ア　]	(　イ　)	3/31	[　ウ　]	84,000
11/1	現　金	144,000	〃	損　益	(　エ　)
		(　　　)			(　　　)

前　払　地　代

4/1	前期繰越	70,000	4/1	[　キ　]	(　ク　)
3/31	[　オ　]	(　カ　)	3/31	[　ケ　]	(　コ　)
		(　　　)			(　　　)

第2問対策－⑭／20問

勘定記入－Ⅵ

教科書 CHAPTER 07、12
解答解説 102ページ

次の各勘定に示した①から⑤にあてはまる金額または勘定科目を答案用紙に記入しなさい。ただし、勘定科目は次の中からもっとも適当と思われるものを選び、記号で解答すること。

ア．利益準備金　イ．繰越利益剰余金　ウ．損益

利益準備金

3/31	次期繰越	( )	4/1	前期繰越	300,000
			6/25	繰越利益剰余金	(①)
		( )			( )

繰越利益剰余金

6/25	未払配当金	200,000	4/1	前期繰越	400,000
〃	利益準備金	20,000	3/31	(②)	(③)
3/31	次期繰越	( )			
		( )			( )

損　　益

3/31	仕入	1,200,000	3/31	売上	3,000,000
〃	給料	800,000	〃	受取利息	20,000
〃	法人税等	300,000			
〃	(④)	(⑤)			
		( )			( )

決算仕訳

教科書 CHAPTER 12
解答解説 104ページ

当社は、商品売買取引について、仕入勘定、売上勘定、繰越商品勘定の3つの勘定を用いて処理している。なお、決算においては売上原価勘定を設けて売上原価を算定している。

期首商品棚卸高が¥200,000、当期商品仕入高が¥2,800,000、期末商品棚卸高が¥300,000であった場合、決算で行うべき仕訳を以下の1.から4.の順番で示しなさい。ただし、勘定科目は下記の中からもっとも適当と思われるものを選び、記号で解答すること。

ア．繰越商品　イ．仕入　ウ．売上原価　エ．売上　オ．損益

1．期首商品棚卸高を振り替える仕訳
2．当期商品仕入高を振り替える仕訳
3．期末商品棚卸高を振り替える仕訳
4．売上原価を損益勘定に振り替える仕訳

第2問対策－⑯／20問

証ひょうからの読み取り

教科書 参考
解答解説 107ページ

取引銀行のインターネットバンキングサービスから普通預金口座のＷＥＢ通帳（入出金明細）を参照したところ、以下のとおりであった。そこで、各取引日において必要な仕訳を答えなさい。なお、株式会社大阪商事および京都産業株式会社はそれぞれ当社の商品の取引先であり、商品売買はすべて掛けとしている。また、勘定科目は下記の中からもっとも適当と思うものを選び、記号で答えること。

［勘定科目］
ア．現金　イ．普通預金　ウ．当座預金　エ．売掛金　オ．買掛金
カ．所得税預り金　キ．売上　ク．仕入　ケ．給料　コ．支払手数料

入出金明細

日付	内　容	出金金額	入金金額	残高
8.20	振込　カ）オオサカショウジ	200,000		省略
8.21	ＡＴＭ入金		150,000	
8.22	振込　キョウトサンギョウ　（カ		344,500	
8.25	給与振込	760,000		
8.25	振込手数料	1,000		

※１　８月22日の入金は、当社負担の振込手数料¥500が差し引かれたものである。
※２　８月25日の給与振込額は、所得税の源泉徴収額¥40,000が差し引かれたものである。

伝票－Ⅰ

教科書 CHAPTER 09
解答解説 109ページ

当社は三伝票制を採用している。次の各取引について答案用紙に示した伝票の空欄を埋めなさい。ただし、勘定科目欄には、各取引の下に記載した勘定科目の中からもっとも適当と思われるものを選び、記号で答えること。

1．土地（取得原価￥800,000）を￥850,000で売却し、代金のうち￥200,000は現金で受け取り、残額は翌月末日に受け取ることとした。
　ア．現金　イ．売掛金　ウ．未収入金　エ．土地　オ．固定資産売却益
　カ．固定資産売却損

2．商品￥500,000を販売し、代金のうち￥100,000は小切手で受け取り、残額は掛けとした。なお、当社負担の発送費￥3,000は現金で支払った。
　ア．現金　イ．売掛金　ウ．売上　エ．仕入　オ．発送費

第2問対策－⑱／20問

伝票－Ⅱ

教科書 CHAPTER 09
解答解説 112ページ

当社は入金伝票、出金伝票、振替伝票の３種類の伝票を用いて処理している。次に示した各伝票から取引を推定し、その仕訳を答案用紙に記入しなさい。ただし、勘定科目は、次の中からもっとも適当と思われるものを選び、記号で答えること。

ア．現金　イ．売掛金　ウ．支払手形　エ．買掛金　オ．売上　カ．仕入

問１

入　金　伝　票	
科　　目	金　　額
売　　掛　　金	50,000

振　替　伝　票			
借方科目	金　　額	貸方科目	金　　額
売　　掛　　金	400,000	売　　　　上	400,000

問２

出　金　伝　票	
科　　目	金　　額
仕　　　　入	5,000

振　替　伝　票			
借方科目	金　　額	貸方科目	金　　額
仕　　　　入	250,000	支　払　手　形	100,000
		買　　掛　　金	150,000

第2問対策－⑲／20問

仕訳日計表

教科書 CHAPTER 09
解答解説 114ページ

当社は、日々の取引を入金伝票、出金伝票、振替伝票に記入し、これを1日分ずつ集計して仕訳日計表を作成している。

下記に示された当社の×1年11月1日の伝票にもとづき、(1)仕訳日計表を作成しなさい。また、(2)出金伝票No.202と振替伝票No.302が1つの取引を記録したものだとした場合、この取引で仕入れた商品の金額を求めなさい。

入金伝票	No.101
受取手数料	20,000

入金伝票	No.102
売　上	30,000

出金伝票	No.201
仕　入	10,000

出金伝票	No.202
仕　入	15,000

振替伝票		No.301
売掛金(埼玉商事)	70,000	
売　上		70,000

振替伝票		No.302
仕　入	45,000	
買掛金(群馬商事)		45,000

第2問対策－⑳／20問

文章の完成

教科書 CHAPTER 06～09、11
解答解説 116ページ

次の文章の空欄に当てはまる語句をそれぞれの語群から選び、記号で答えなさい。

(1) 商品の期首棚卸高と当期仕入高が一定であるとした場合、期末棚卸高が大きくなると当期の売上原価は（　①　）する。

ア．増加　イ．減少

(2) 資金の貸付けのさいに約束手形を受け取った場合には、（　②　）勘定の借方に記入する。

ア．受取手形　イ．支払手形　ウ．手形貸付金　エ．手形借入金

(3) 現金出納帳を（　③　）として利用する場合、入金取引と出金取引は現金出納帳のほかに仕訳帳にも記入しなければならない。

ア．総勘定元帳　イ．補助元帳　ウ．補助記入帳

(4) 三伝票制を採用している場合、一般的に使用する伝票は入金伝票、出金伝票、（　④　）伝票である。

ア．振戻　イ．振替　ウ．仕入　エ．売上

(5) 試算表のうち、総勘定元帳の各勘定残高のみを記入した試算表を（　⑤　）試算表という。

ア．合計　イ．残高　ウ．合計残高

第３問対策

第３問の配点は35点で、精算表の作成、財務諸表の作成、決算整理後残高試算表など、決算に関する問題が出題されます。

よく出題される未処理事項や決算整理事項を確認しておきましょう。

また、貸借対照表の繰越利益剰余金の金額の求め方もおさえておきましょう。

問題No.	論　点	「教科書」との対応
第３問対策－❶	精算表の作成	CHAPTER12
第３問対策－❷	財務諸表の作成－Ⅰ	CHAPTER12
第３問対策－❸	財務諸表の作成－Ⅱ	CHAPTER12
第３問対策－❹	決算整理後残高試算表の作成	CHAPTER11

精算表や財務諸表の勘定科目の空欄を記入することもあるので、しっかり書いて練習しておきましょう。

精算表の作成

教科書 CHAPTER 12
解答解説 118ページ

次の［期末修正事項］にもとづいて、答案用紙の精算表を完成させなさい。なお、会計期間は×4年４月１日から×5年３月31日までの１年である。

［期末修正事項］

1．現金の実際有高と帳簿残高を照合したところ、実際有高が￥700超過していたので調査した結果、￥300は受取利息の記帳漏れであることが判明したが、残額は不明である。

2．仮受金は商品代金の手付金として受け取ったものであることが判明した。

3．受取手形および売掛金の期末残高に対して、２％の貸倒引当金を設定する（差額補充法）。

4．期末商品棚卸高は￥82,000である。なお、売上原価は「仕入」の行で計算すること。

5．通信費として計上した郵便切手のうち、未使用分が￥300ある。

6．備品について、残存価額はゼロ、耐用年数は５年の定額法によって減価償却を行う。

7．支払家賃は11か月分で、１か月分を未払計上する。

8．保険料は１年分で、保険契約後決算日までの経過期間は９か月である。

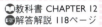

第3問対策－❷／4問

財務諸表の作成－Ⅰ

教科書 CHAPTER 12
解答解説 121ページ

次の［資料Ⅰ：決算整理前残高試算表］と［資料Ⅱ：決算修正事項］にもとづいて、答案用紙の損益計算書と貸借対照表を完成させなさい。なお、会計期間は×2年4月1日から×3年3月31日までの1年である。

［資料Ⅰ：決算整理前残高試算表］

決算整理前残高試算表　　（単位：円）

借　　方	勘　定　科　目	貸　　方
54,000	現　　　　金	
258,000	当　座　預　金	
120,000	売　　掛　　金	
44,000	繰　越　商　品	
100,000	貸　　付　　金	
200,000	備　　　　品	
	買　　掛　　金	132,100
	借　　入　　金	150,000
	貸　倒　引　当　金	400
	備品減価償却累計額	80,000
	資　　本　　金	300,000
	繰越利益剰余金	90,000
	売　　　　上	850,000
	受　取　利　息	1,500
650,000	仕　　　　入	
63,000	給　　　　料	
72,000	支　払　家　賃	
38,000	保　　険　　料	
5,000	支　払　利　息	
1,604,000		1,604,000

［資料Ⅱ：決算修正事項］

１．決算日直前に、前期に貸倒処理した売掛金¥30,000のうち¥10,000を現金で回収したが、この取引が未処理である。

２．売掛金の期末残高に対して２％の貸倒引当金を差額補充法により設定する。

３．期末商品棚卸高は¥52,000である。売上原価は仕入勘定で算定している。

４．備品に対して定額法（残存価額はゼロ、耐用年数５年）により減価償却を行う。

５．貸付金にかかる利息の未収分が¥1,500ある。

６．借入金は×2年12月１日に年利率４％、返済期限は×3年11月末日、利息の支払いは返済時に行うという条件で借り入れたものである。よって、当期分の利息を計上する。

７．家賃は×2年９月１日に向こう１年分を支払ったものである。

８．法人税等が¥9,000と計算された。なお、当期に中間納付した法人税等はなかった。

第3問対策－❸／4問

財務諸表の作成－Ⅱ

教科書 CHAPTER 12
解答解説 125ページ

次の［資料Ⅰ：決算整理前残高試算表］と［資料Ⅱ：決算修正事項］にもとづいて、答案用紙の損益計算書と貸借対照表を完成させなさい。なお、会計期間は×6年4月1日から×7年3月31日までの1年である。

［資料Ⅰ：決算整理前残高試算表］

決算整理前残高試算表
×7年3月31日

借方	勘定科目	貸方
80,540	現金	
	当座預金	84,000
268,000	普通預金	
60,000	受取手形	
32,000	売掛金	
1,200	仮払法人税等	
69,000	繰越商品	
200,000	建物	
120,000	備品	
	支払手形	35,000
	買掛金	22,300
	借入金	60,000
	仮受金	4,000
	貸倒引当金	1,240
	建物減価償却累計額	90,000
	備品減価償却累計額	48,000
	資本金	380,000
	繰越利益剰余金	60,000
	売上	924,500
	受取手数料	800
700,000	仕入	
109,000	給料	
38,000	保険料	
4,500	通信費	
12,000	水道光熱費	
15,000	法定福利費	
600	支払利息	
1,709,840		1,709,840

［資料Ⅱ：決算修正事項］

1．仮受金￥4,000は得意先からの売掛金の回収であることが判明した。

2．現金の実際有高は￥74,540であった。帳簿残高との差額のうち￥5,000は水道光熱費の記帳漏れであることが判明したが、残額については原因が不明である。よって、雑損または雑益に振り替える。

3．当座預金勘定の貸方残高全額を借入金勘定に振り替える。なお、取引銀行とは借越限度額を￥300,000とする当座借越契約を結んでいる。

4．受取手形および売掛金の期末残高に対して３％の貸倒引当金を設定する（差額補充法）。

5．期末商品棚卸高は￥64,000である。売上原価は仕入勘定で算定している。

6．建物および備品に対して、次の資料にもとづいて定額法により減価償却を行う。

　　建物　　残存価額：取得原価の10％　耐用年数：20年

　　備品　　残存価額：ゼロ　耐用年数：５年

7．通信費として計上した郵便切手の購入代のうち、￥200が期末において未使用である。

8．保険料は毎年同額を11月１日に１年分、前払いしている。

9．法定福利費の未払分￥3,000を計上する。

10．法人税等が￥3,600と計算されたので、仮払法人税等との差額を未払法人税等として計上する。

第3問対策－❹／4問

決算整理後残高試算表の作成

教科書 CHAPTER 11
解答解説 131ページ

次の［資料Ⅰ：決算整理前残高試算表］と［資料Ⅱ：期末修正事項］にもとづいて、答案用紙の決算整理後残高試算表を完成させなさい。なお、会計期間は×5年4月1日から×6年3月31日までの1年である。

［資料Ⅰ：決算整理前残高試算表］

決算整理前残高試算表
×6年3月31日

借方	勘定科目	貸方
68,680	現金	
	当座預金	5,000
44,000	受取手形	
60,000	売掛金	
10,000	仮払金	
9,200	繰越商品	
80,000	貸付金	
450,000	建物	
240,000	備品	
	支払手形	31,000
	買掛金	32,180
	仮受金	7,000
	前受金	6,000
	未払金	1,800
	貸倒引当金	500
	建物減価償却累計額	108,000
	備品減価償却累計額	80,000
	資本金	450,000
	繰越利益剰余金	47,000
	売上	808,000
	受取家賃	14,000
	受取利息	1,200
527,000	仕入	
85,000	給料	
5,000	旅費交通費	
4,800	租税公課	
8,000	保険料	
1,591,680		1,591,680

［資料Ⅱ：期末修正事項］

1．出張中の社員から当座預金口座に振り込まれた￥7,000を仮受金で処理していたが、このうち￥4,000は得意先鳥取商事に対する売掛金を回収したものであり、￥3,000は得意先岡山商事から受け取った手付金であることが判明した。

2．仮払金は当期に備品￥120,000を注文したさいに頭金として支払ったものである。なお、この備品は×6年３月１日に引き渡しを受け、すでに使用しているが、代金の残額は翌月末日に支払うことになっており、この取引が未処理である。

3．当座預金勘定の貸方残高全額を借入金勘定に振り替える。なお、取引銀行とは借越限度額を￥100,000とする当座借越契約を結んでいる。

4．期末商品棚卸高は￥10,900である。なお、売上原価は仕入勘定で算定している。

5．租税公課として処理した収入印紙の購入額のうち、未使用分が￥800ある。

6．受取手形および売掛金の期末残高に対して、２％の貸倒引当金を設定する（差額補充法）。

7．建物および備品に対して、次の資料にもとづいて定額法により減価償却を行う。

　　建物　　残存価額：取得原価の10％　耐用年数：30年

　　備品　　残存価額：ゼロ　耐用年数：６年

　なお、新備品については残存価額ゼロ、耐用年数５年の定額法により減価償却を月割りで行う。

8．受取利息は貸付金に対する利息であり、当期の12月31日（利払日）までの利息が計上されている。利払日後、貸付金の金額に変動はなく、年利率３％で未収分の利息を月割計上する。

9．保険料は毎年12月１日に向こう１年分（毎年同額）を支払っている。

10．家賃は奇数月の月末に向こう２か月分として￥2,000を受け取っている。

日商3級　解答解説編
第1問対策～第3問対策、模擬試験

第１問対策

第1問対策－❶／7問　　商品売買

解答

	借方科目	金額	貸方科目	金額
1	カ 仕入	51,000	ウ 前払金 オ 買掛金 ア 現金	10,000 40,000 1,000
2	エ 買掛金	60,000	カ 仕入	60,000
3	オ 売上	16,000	イ 売掛金	16,000
4	ウ 売掛金	203,000	オ 売上 イ 当座預金	200,000 3,000
5	カ 支払手数料 エ クレジット売掛金	4,000 196,000	オ 売上	200,000
6	ウ 売掛金	59,000	オ 売上	59,000

解説

1　手付金の処理、仕入諸掛りの処理

商品の仕入に先立って、手付金を支払ったとき、**前払金［資産］**で処理しています。したがって、商品を仕入れたときは**前払金［資産］**を減少させます。また、商品の仕入時に発生した引取運賃（仕入諸掛り）は特に指示がない場合には、当社負担と考え、**仕入［費用］**に含めて処理します。

2　仕入戻しの処理

仕入戻し（返品）があったときには、仕入時の逆仕訳をします。

総仕入高：@6,000円×50個＝300,000円

仕入戻し：@6,000円×10個＝60,000円

仕入時の仕訳：（仕　　入）　300,000　（買　掛　金）　300,000

返品時の仕訳：（買　掛　金）　60,000　（仕　　入）　60,000

3 売上戻りの処理

売上戻り（返品）があったときは、売上時の仕訳の逆仕訳をします。

総売上高：@8,000円×80個＝640,000円

売上戻り：@8,000円×２個＝ 16,000円

売上時の仕訳：（売　掛　金）　640,000　（売　　上）　640,000

返品時の仕訳：（売　　上）　16,000　（売　掛　金）　16,000

4 売上諸掛りの処理

得意先負担の売上諸掛りを当社が立替払いしたときは、**立替金［資産］**で処理するか、**売掛金［資産］**に含めて処理します。本問では、指定勘定科目に「立替金」がないため、**売掛金［資産］**に含めて処理すると判断します。

5 クレジット売掛金

クレジット払いの条件で商品を売り上げたときの、あとで代金を受け取る権利は**クレジット売掛金［資産］**で処理します。なお、信販会社への手数料は**支払手数料［費用］**で処理します。

支払手数料：200,000円×２％＝4,000円

クレジット売掛金：200,000円－4,000円＝196,000円

6 証ひょうからの読み取り

請求書（控）の内容から、**売上［収益］**を計上します。また、代金は後日受け取るため、**売掛金［資産］**で処理します。

商品売買のポイント

［1］返品の処理

返品があったときは、仕入時または売上時の逆仕訳をする。

［2］仕入諸掛り・売上諸掛りの処理

諸掛り		処理
仕入諸掛り	当社負担	**仕　入**［費用］に含める
	仕入先負担	**立替金**［資産］
売上諸掛り	当社負担	**発送費**［費用］
	得意先負担	**立替金**［資産］または **売掛金**［資産］に含める

［3］クレジット売掛金

- ✔ クレジット払いの条件で商品を売り上げたときの、あとで代金を受け取る権利は**クレジット売掛金**［資産］で処理する
- ✔ 信販会社への手数料は**支払手数料**［費用］で処理する

現金預金

解答

	借方科目	金額	貸方科目	金額
1	ア 現金	100,000	エ 売掛金	100,000
2	エ 通信費	7,000	イ 受取手数料	2,000
			カ 現金過不足	5,000
3	イ 旅費交通費	7,200	ア 当座預金	18,500
	ウ 消耗品費	6,700		
	エ 通信費	2,400		
	オ 雑費	2,200		
4	オ 旅費交通費	10,000	ア 現金	10,000
5	エ 当座預金A銀行	100,000	ア 現金	200,000
	オ 当座預金X信用金庫	100,000		

解説

1 送金小切手の処理

送金小切手は、**現金［資産］**として処理します。

2 現金過不足の判明

現金過不足（現金不足額）が生じたときに、次の仕訳をしています。

現金過不足の発生時の仕訳：

（現金過不足）　5,000　（現　　金）　5,000

したがって、原因判明時には、現金過不足を減らし（貸方に記入し）、原因が判明した勘定科目で処理します。

3 小口現金の処理

会計係は小口現金係から支払報告を受け、仕訳をします。本問では、支払報告と同時に小切手を振り出して資金を補給しているので、報告時と補給時の仕訳を同時に行います。

報告時の仕訳：	（旅費交通費）	7,200	~~（小口現金）~~	~~18,500~~
	（消耗品費）	6,700		
	（通信費）	2,400		
	（雑費）	2,200		

＋

補給時の仕訳：	~~（小口現金）~~	~~18,500~~	（当座預金）	18,500

↓

解答の仕訳：	（旅費交通費）	7,200	（当座預金）	18,500
	（消耗品費）	6,700		
	（通信費）	2,400		
	（雑費）	2,200		

4 旅費交通費の計上

問題文の指示にしたがい、ＩＣカードに入金したときに費用（旅費交通費）を計上します。

5 当座預金の処理

現金を当座預金口座に預け入れたときは、**現金**［**資産**］が減少するとともに、**当座預金**［**資産**］が増加します。なお、複数の金融機関に口座を開設しているときは、管理のために口座ごとに勘定を設定することがあります。その場合には、問題文の指示にしたがい、勘定科目（当座預金や普通預金など）に金融機関名を入れて仕訳します。

現金預金のポイント

[1] 簿記上の現金

①紙幣・硬貨

②通貨代用証券…他人振出の小切手、送金小切手、郵便為替証書など

[2] 小口現金の主な支払項目と勘定科目

支払項目	勘定科目
バス代、電車代、タクシー代	**旅費交通費**［費用］
ハガキ代、切手代、電話代	**通信費**［費用］
文房具代、コピー用紙代	**消耗品費**［費用］
電気代、ガス代、水道代	**水道光熱費**［費用］
お茶菓子代、新聞代、その他どの区分にも該当しない支払い	**雑費**［費用］

第**1**問対策−❸／7問

手形と電子記録債権（債務）

解答

	借方科目	金額	貸方科目	金額
1	カ 仕入	300,000	エ 支払手形	100,000
			ウ 買掛金	200,000
2	ウ 受取手形	300,000	エ 売上	800,000
	イ 売掛金	500,000		
	カ 発送費	5,200	ア 現金	5,200
3	エ 買掛金	100,000	カ 電子記録債務	100,000
4	カ 電子記録債務	100,000	ア 当座預金	100,000

解説

1 約束手形の振り出し

約束手形を振り出したときは、**支払手形**［負債］で処理します。

2 約束手形の受け取り

他社振出の約束手形を受け取ったときは、**受取手形**［資産］で処理します。なお、当社負担の売上諸掛りは**発送費**［費用］で処理します。

3 電子記録債務の発生

買掛金の支払いに電子記録債務を用いているので、**買掛金**［負債］が減少するとともに、**電子記録債務**［負債］が増加します。

4 電子記録債務の消滅

電子記録債務について決済が行われたので、**電子記録債務**［負債］が減少します。

手形のポイント

[1] 約束手形の処理（文末で判断する）

✔「振り出した」⇒**支払手形［負債］**で処理

✔「受け取った」⇒**受取手形［資産］**で処理

[2] 電子記録債権（債務）

✔ 電子記録債権が発生したときは、**電子記録債権［資産］**で処理する

✔ 電子記録債務が発生したときは、**電子記録債務［負債］**で処理する

有形固定資産

解答

	借方科目	金額	貸方科目	金額
1	エ 建物	2,020,000	カ 未払金	2,000,000
			ア 当座預金	20,000
2	ウ 備品	250,000	ア 当座預金	70,000
	カ 消耗品費	20,000	オ 未払金	200,000
3	イ 未収入金	855,000	ウ 土地	867,000
	カ 固定資産売却損	12,000		
4	カ 備品減価償却累計額	225,000	ウ 備品	400,000
	イ 未収入金	182,000	エ 固定資産売却益	7,000
5	カ 車両運搬具減価償却累計額	2,000,000	イ 車両運搬具	3,000,000
	エ 減価償却費	125,000	ウ 固定資産売却益	125,000
	ア 未収入金	1,000,000		
6	ウ 建物	2,200,000	ア 当座預金	3,000,000
	オ 修繕費	800,000		

解説

1 有形固定資産の購入

有形固定資産を購入したときは、有形固定資産自体の購入価額だけでなく、仲介手数料等、固定資産の購入にかかった付随費用も取得原価に含めます。

建物：2,000,000円＋20,000円＝2,020,000円

なお、有形固定資産を購入したさいに生じた代金の未払額は**未払金［負債］**で処理します。

2 有形固定資産の購入

オフィス機器は**備品［資産］**で、事務用の消耗品は**消耗品費［費用］**で処理します。

未払金：250,000円＋20,000円－70,000円＝200,000円

3 有形固定資産の売却

有形固定資産を売却したときは、帳簿価額を減額し、売却価額と帳簿価額との差額は**固定資産売却損**［費用］または**固定資産売却益**［収益］で処理します。

なお、有形固定資産を売却したさいに生じた代金の未収額は**未収入金**［資産］で処理します。

土地（売却した有形固定資産の帳簿価額）：850,000円＋17,000円＝867,000円

固定資産売却損益：855,000円－867,000円＝△12,000円（売却損）

4 有形固定資産の売却

建物や備品など、減価償却をする有形固定資産を売却したときは、取得原価と減価償却累計額を減額します。

5 有形固定資産の売却

建物や備品など、減価償却をする有形固定資産を期中に売却したときは、期首から売却時までの減価償却費を月割りで計算し、これを計上します。

本問では、決算日が3月31日、売却日が×6年6月30日なので、×6年4月1日から×6年6月30日までの3か月分の減価償却費を計上します。

なお、取得日が×2年4月1日、前期末が×6年3月31日なので、前期末までに計上された減価償却累計額は4年分ということになります。

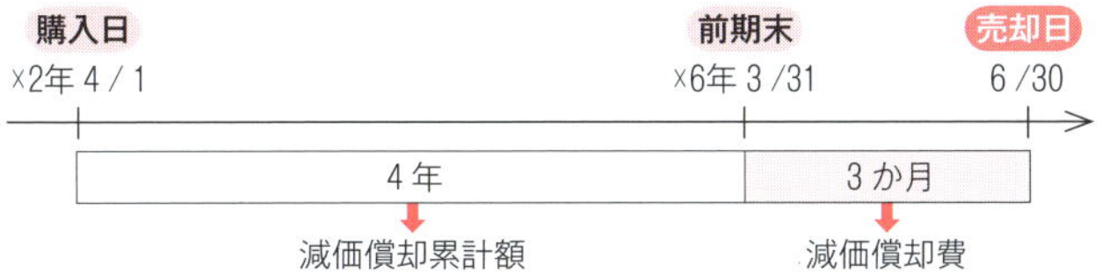

減価償却累計額：3,000,000円×$\frac{4年}{6年}$＝2,000,000円

減価償却費：3,000,000円÷6年×$\frac{3か月}{12か月}$＝125,000円

売却した車両の帳簿価額：3,000,000円－(2,000,000円＋125,000円)＝875,000円

固定資産売却損益：1,000,000円－875,000円＝125,000円（売却益）

6 建物の改良、修繕

建物の改修費のうち、価値を高めるための支出（資本的支出）は**建物［資産］**の取得原価として処理します。また、本来の機能維持のための支出（収益的支出）は**修繕費［費用］**で処理します。

有形固定資産のポイント

［1］有形固定資産の取得原価

取得原価＝購入代価＋付随費用

［2］減価償却費の計算（定額法）

減価償却費：（取得原価－残存価額）÷耐用年数

※1　残存価額が10％のときは、以下のように計算したほうが速い

減価償却費：取得原価×0.9÷耐用年数　←以下、本書はこちらで解説します。

※2　期中に取得した有形固定資産については、取得日から決算日までの減価償却費を月割りで計上する。

［3］有形固定資産の売却時の処理

✔ 売却価額 ＜ 帳簿価額 ⇒ **固定資産売却損［費用］**

✔ 売却価額 ＞ 帳簿価額 ⇒ **固定資産売却益［収益］**

※1　帳簿価額＝取得原価－減価償却累計額

※2　期中に売却したときは、期首から売却日までの減価償却費を月割りで計上する。

［4］改良と修繕

✔ 資本的支出（有形固定資産の価値を高めるための支出）
⇒有形固定資産の取得原価として処理

✔ 収益的支出（有形固定資産の本来の機能を維持するための支出）
⇒**修繕費［費用］**として処理

第1問対策－❺／7問　その他の取引

解答

	借方科目	金額	貸方科目	金額
1	ア 当座預金	100,000	オ 手形借入金	100,000
2	ア 当座預金	612,000	ウ 貸付金	600,000
			オ 受取利息	12,000
3	ウ 前払金	40,000	イ 当座預金	40,000
4	ア 現金	20,000	エ 前受金	20,000
5	カ 仕入	300,000	ウ 前払金	30,000
			エ 支払手形	270,000
6	ア 当座預金	80,000	オ 前受金	50,000
			エ 仮受金	30,000
7	ウ 仮払金	50,000	ア 現金	50,000
8	ア 現金	5,500	ウ 仮払金	60,000
	カ 旅費交通費	54,500		
9	カ 旅費交通費	35,000	ア 仮払金	30,000
			エ 未払金	5,000
10	オ 仮受金	70,000	イ 売掛金	70,000
11	カ 給料	580,000	エ 従業員立替金	15,000
			オ 所得税預り金	87,000
			ア 現金	478,000
12	カ 給料	400,000	オ 所得税預り金	40,000
			イ 当座預金	360,000
13	カ 法定福利費	48,000	ア 現金	72,000
	エ 社会保険料預り金	6,000		
	イ 従業員立替金	18,000		
14	エ 受取商品券	50,000	オ 売上	80,000
	ア 現金	30,000		
15	ア 現金	50,000	エ 受取商品券	50,000
16	ウ 差入保証金	468,000	イ 当座預金	702,000
	カ 支払手数料	234,000		
17	カ 租税公課	350,000	イ 当座預金	350,000

	借方科目	金額	貸方科目	金額
18	カ 仕入	200,000	ウ 買掛金	220,000
	イ 仮払消費税	20,000		
19	エ 受取手形	300,000	キ 売上	500,000
	ア 現金	250,000	カ 仮受消費税	50,000
20	ウ 普通預金	2,000,000	オ 資本金	2,000,000
21	イ 備品	254,000	エ 未払金	259,000
	オ 消耗品費	5,000		
22	カ 旅費交通費	16,800	イ 仮払金	20,000
	ア 現金	3,200		
23	カ 支払手数料	75,000	イ 普通預金	525,000
	ウ 差入保証金	300,000		
	エ 支払家賃	150,000		
24	カ 仕入	59,000	ウ 買掛金	64,900
	イ 仮払消費税	5,900		
25	カ 仕入	18,000	エ 買掛金	18,000

解説

1 手形借入金の処理

手形による借入れを行ったときは、**手形借入金［負債］**で処理します。

2 貸付金の処理

貸付金を回収したときは、**貸付金［資産］**を減少させます。また、回収時に利息を受け取ったときは、貸付期間（本問の場合は10か月）に対応する利息を**受取利息［収益］**として計上します。

$$\text{受取利息：}600{,}000\text{円} \times 2.4\% \times \frac{10\text{か月}}{12\text{か月}} = 12{,}000\text{円}$$

3 手付金の処理

商品の注文にあたって、手付金を支払ったときは、手付金の額だけ**前払金［資産］**で処理します。

4 手付金の処理

商品の注文を受け、手付金を受け取ったときは、手付金の額だけ**前受金**［**負債**］で処理します。

5 手付金の処理

注文していた商品を仕入れたときは、**仕入**［**費用**］を計上するとともに、さきに支払っていた手付金の分だけ**前払金**［**資産**］を減少させます。

6 内金の処理、仮受金の処理

商品の注文を受けたさいの内金50,000円については、**前受金**［**負債**］で処理します。また、内容不明の入金については、その内容が明らかになるまで**仮受金**［**負債**］で処理しておきます。

7 仮払金の処理

出張旅費の概算額を渡したときは、旅費の金額が確定するまで、**仮払金**［**資産**］で処理しておきます。

8 仮払金の処理

従業員が出張から戻り、旅費の金額が確定したときは、計上していた**仮払金**［**資産**］を減少させるとともに、確定した旅費の分だけ**旅費交通費**［**費用**］を計上します。

旅費交通費：60,000円－5,500円＝54,500円

9 仮払金の処理

仮払いしていた金額と従業員が立替払いしている金額の合計額を**旅費交通費**［**費用**］として計上します。なお、従業員が立替払いしている金額については、あとで（給料支払時に）会社が支払うため、**未払金**［**負債**］で処理します。

10 仮受金の処理

内容不明の入金額は**仮受金**［**負債**］で処理しているので、その内容が判明したときには、**仮受金**［**負債**］を減少させます。

11 立替金と預り金の処理

従業員の給料を支払ったときは、給料総額を**給料**［費用］で処理します。また、給料から源泉徴収した所得税については、**預り金**［負債］で処理しますが、本問は指定勘定科目より**所得税預り金**［負債］で処理します。

従業員負担の生命保険料を会社が立替払いしたときに**立替金**［資産］で処理しているので、この立替額を給料から天引きしたときは**立替金**［資産］の減少として処理します。なお、本問では指定勘定科目より、**従業員立替金**［資産］で処理します。

12 預り金の処理

会社の当座預金口座から従業員の普通預金口座に振り込んでいるので、**当座預金**［資産］の減少として処理します。なお、給料総額は源泉所得税40,000円と従業員の手取額360,000円を合計した金額となります。

給料：40,000円＋360,000円＝400,000円

13 社会保険料、立替金の処理

会社負担分の社会保険料（健康保険料・厚生年金保険料・雇用保険料）は、**法定福利費**［費用］で処理します。また、従業員負担分を給料から天引きしたときには、**社会保険料預り金**［負債］で処理し、会社負担分とあわせて納付したときに、**社会保険料預り金**［負債］の減少で処理します。

なお、本問では従業員負担分の社会保険料のうち、9か月分については、いったん会社が立て替えて支払っているため、9か月分については**従業員立替金**［資産］で処理します。

社会保険料預り金：@2,000円×3か月分＝6,000円

従業員立替金：@2,000円×9か月分＝18,000円

14 商品券の処理

他者が発行した商品券を受け取ったときは、**受取商品券**［資産］で処理します。

15 商品券の処理

所有する商品券を精算したときは、**受取商品券**［資産］の減少として処理します。

16 差入保証金の処理

不動産の賃貸契約を結ぶときに差し入れた敷金（退去時に返還されるもの）は、**差入保証金**［資産］で処理します。また、不動産会社に支払った仲介手数料は、**支払手数料**［費用］で処理します。

差入保証金（敷金）：234,000円×２か月分＝468,000円

17 固定資産税の処理

固定資産税を納付したときは、**租税公課**［費用］で処理します。

18 消費税の処理

商品を仕入れたときに支払った消費税は、**仮払消費税**［資産］で処理します。

仮払消費税：200,000円×10％＝20,000円

19 消費税の処理

商品を売り上げたときに受け取った消費税は、**仮受消費税**［負債］で処理します。なお、税抜方式なので、**売上**［収益］は消費税を含まない価額で計上します。

売上：550,000円－50,000円＝500,000円

また、約束手形を受け取ったときは、**受取手形**［資産］で処理し、他社が振り出した小切手を受け取ったときは、**現金**［資産］で処理します。

20 株式の発行

株式を発行したときは、原則として払込金額（発行価額）の全額を**資本金**［資本］として処理します。

資本金：@20,000円×100株＝2,000,000円

21 証ひょうからの読み取り

セッティング代は備品の取得原価に含めて処理します。また、プリンター用紙代は**消耗品費**［費用］で処理します。なお、商品以外のものを購入したさいの後払額は**未払金**［負債］で処理します。

22 証ひょうからの読み取り

旅費の概算額を支払ったときには、以下の仕訳をしています。

(仮払金)	20,000	(現金など)	20,000

そして、旅費を精算した時には、**仮払金**［資産］を**旅費交通費**［費用］に振り替えます。なお、タクシー代3,500円は、領収書と旅費交通費支払報告書の両方に記載があるので、二重に計上しないように注意しましょう。

旅費交通費：6,300円（旅費交通費支払報告書）＋10,500円（領収書（ホテル代））＝16,800円

23 証ひょうからの読み取り

仲介手数料は**支払手数料**［費用］、敷金は**差入保証金**［資産］、賃料は**支払家賃**［費用］で処理します。

24 証ひょうからの読み取り

商品の仕入れにかかる消費税額は、**仮払消費税**［資産］で処理します。

仕入：15,000円＋20,000円＋24,000円＝59,000円

25 訂正仕訳

以前の処理が誤っていた場合には、訂正仕訳をします。

訂正仕訳は、誤った仕訳を取り消す仕訳（逆仕訳）に、正しい仕訳を合算した仕訳となります。

誤った仕訳：	(仕入)	68,000	(買掛金)	68,000
			↓	
誤った仕訳の逆仕訳：	~~(買掛金)~~	~~68,000~~	~~(仕入)~~	~~68,000~~
			＋	
正しい仕訳：	(仕入)	~~86,000~~ 18,000	(買掛金)	~~86,000~~ 18,000
			↓	
訂正仕訳：	(仕入)	18,000	(買掛金)	18,000

その他の取引のポイント

[1] 未収入金と未払金

代金の内容		勘定科目
未収額	商品代金	**売掛金［資産］**
	商品以外の代金	**未収入金［資産］**
未払額	商品代金	**買掛金［負債］**
	商品以外の代金	**未払金［負債］**

[2] 貸付金と借入金

内　　容		勘定科目
貸付額	借用証書による貸付け	**貸付金［資産］**
	約束手形による貸付け	**手形貸付金［資産］**
借入額	借用証書による借入れ	**借入金［負債］**
	約束手形による借入れ	**手形借入金［負債］**

※　手形による貸付け・借入れの場合でも、指定勘定科目に「手形貸付金」や「手形借入金」がない場合には「貸付金」や「借入金」で処理すること。

[3] 利息の計算

$$\text{利息：貸付（借入）金額} \times \text{年利率} \times \frac{\text{貸付（借入）期間}}{\text{12か月}}$$

[4] 前払金と前受金

✔ 手付金、内金を支払ったとき　⇒ **前払金［資産］**
✔ 手付金、内金を受け取ったとき ⇒ **前受金［負債］**

[5] 仮払金と仮受金

✔ 旅費等の概算額を渡したとき ⇒ **仮払金［資産］**
✔ 内容不明の入金があったとき ⇒ **仮受金［負債］**

[6] 立替金と預り金

✔ 他社や従業員が負担すべき金額を当社が立替払いしたとき
⇒ **立替金［資産］**
✔ 従業員の源泉所得税を天引きしたとき ⇒ **預り金［負債］**

※　「立替金」は「従業員立替金」、「預り金」は「所得税預り金」「社会保険料預り金」などの勘定科目を用いることがあるので、指定勘

定科目にしたがって解答すること。

[7] 受取商品券

✔ 全国共通商品券などを受け取ったとき ⇒ **受取商品券** [資産]

[8] 差入保証金

✔ 敷金や保証金を差し入れたとき ⇒ **差入保証金** [資産]

[9] 消費税

✔ 商品を仕入れたときに支払った消費税額 ⇒ **仮払消費税** [資産]

✔ 商品を売り上げたときに受け取った消費税額 ⇒ **仮受消費税** [負債]

[10] 株式の発行

✔ 株式を発行したとき ⇒ 原則として払込金額の全額を**資本金** [資本]

[11] 訂正仕訳

①誤った仕訳の逆仕訳＋②正しい仕訳＝③訂正仕訳

第1問対策－❻／7問　決算に関する取引等

解答

	借方科目	金額	貸方科目	金額
1	カ 現金過不足	6,000	イ 受取手数料	2,000
			ウ 雑益	4,000
2	イ 当座預金A銀行	25,000	エ 借入金	25,000
3	エ 借入金	200,000	ア 当座預金	200,000
4	イ 貯蔵品	5,460	エ 通信費	5,460
5	イ 貸倒引当金	20,000	ア 売掛金	60,000
	エ 貸倒損失	40,000		
6	ア 現金	15,000	エ 償却債権取立益	15,000
7	ウ 未払利息	22,000	カ 支払利息	22,000
8	ウ 損益	354,000	カ 繰越利益剰余金	354,000
9	オ 繰越利益剰余金	550,000	イ 普通預金	500,000
			エ 利益準備金	50,000
10	イ 仮払法人税等	160,000	ア 普通預金	160,000
11	ウ 未払法人税等	280,000	ア 普通預金	280,000

解説

1 現金過不足の処理

期中に現金過不足を発見したときは、**現金**［**資産**］から**現金過不足**に振り替えておき、原因が判明したときに、原因判明分を適切な勘定科目に振り替えます。決算まで原因不明の現金過不足は**雑損**［**費用**］または**雑益**［**収益**］に振り替えます。

現金過不足発生時の仕訳：	(現　　金)	6,000	(現金過不足)	6,000
		↓		
原因判明分の仕訳：	(現金過不足)	2,000	(受取手数料)	2,000
		＋		
原因不明分の仕訳：	(現金過不足)	4,000	(雑　　益)	4,000
		↓		
解答の仕訳：	(現金過不足)	6,000	(受取手数料)	2,000
			(雑　　益)	4,000

2 当座借越の振り替え

決算日において当座借越が生じている場合には、貸方の当座預金残高を**当座借越［負債］**または**借入金［負債］**に振り替えます。本問では当座借越勘定を用いていないため、**借入金［負債］**で処理します。

3 当座借越の振り替え（再振替仕訳）

前期の決算で行った当座借越の振替処理は、翌期首になったら、決算時の逆仕訳をしてもとの勘定に振り戻します（再振替仕訳）。

決算で行った仕訳：	（当 座 預 金）	200,000	（借　入　金）	200,000
再 振 替 仕 訳：	（借　入　金）	200,000	（当 座 預 金）	200,000

4 貯蔵品勘定への振り替え

郵便切手やはがきは、購入時に**通信費［費用］**として処理しているため、決算において未使用分がある場合には、その金額を**通信費［費用］**から**貯蔵品［資産］**に振り替えます。

貯蔵品：@84円×50枚＋@63円×20枚＝5,460円

5 貸倒れの処理

前期に発生した売掛金が貸し倒れたときは、まずは設定している**貸倒引当金**を取り崩し、設定額を超えた分は**貸倒損失［費用］**で処理します。

6 前期に貸倒処理した売掛金の回収

前期以前に貸倒処理した売掛金や受取手形を回収したときは、回収額を**償却債権取立益［収益］**で処理します。

7 再振替仕訳

決算で費用・収益の前払い・前受けや未払い・未収の処理を行ったときは、翌期首に再振替仕訳をします。再振替仕訳とは、決算で行った仕訳の逆仕訳をいいます。

決算で行った仕訳：	（支 払 利 息）	22,000	（未 払 利 息）	22,000
再 振 替 仕 訳：	（未 払 利 息）	22,000	（支 払 利 息）	22,000

8 損益振替

決算において、各収益の勘定残高は損益勘定の貸方に、各費用の勘定残高は損益勘定の借方に振り替えます。そして、損益勘定の貸借差額で当期純利益または当期純損失を計算し、当期純利益の場合には、損益勘定から繰越利益剰余金勘定の貸方に振り替え、当期純損失の場合には、損益勘定から繰越利益剰余金勘定の借方に振り替えます。

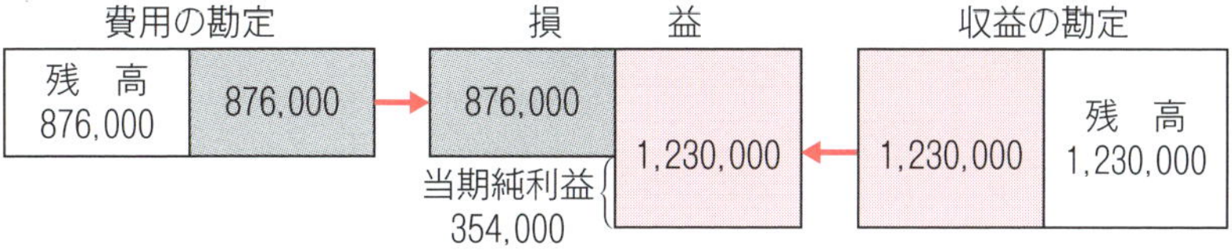

収益の振り替え：	（収益の勘定）	1,230,000	（損　　　益）	1,230,000
費用の振り替え：	（損　　　益）	876,000	（費用の勘定）	876,000

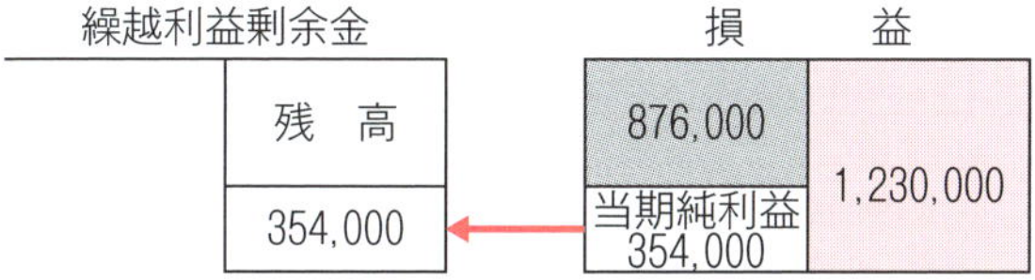

繰越利益剰余金勘定への振り替え：	（損　　　益）	354,000	（繰越利益剰余金）	354,000

9 剰余金の配当等

繰越利益剰余金からの配当等なので、**繰越利益剰余金**［資本］の減少で処理します。なお、株主総会で承認したときは、株主配当金については**未払配当金**［負債］で処理するのですが、本問では「承認後、ただちに普通預金口座を通じて支払った」とあるので、未払配当金勘定を経由することなく、**普通預金**［資産］の減少で処理します。また、利益準備金の積立額は**利益準備金**［資本］で処理します。

10 証ひょうからの読み取り

「法人税」の「中間申告」となっているので、160,000円は法人税の中間申告・納付額であることがわかります。したがって、**仮払法人税等**［資産］で処理します。

11 証ひょうからの読み取り

「法人税」の「確定申告」となっているので、280,000円は法人税の確定申告・納付額であることがわかります。これは、決算時に計上した未払法人税等を納付したということなので、**未払法人税等［負債］**の減少で処理します。

決算時の仕訳：

（法 人 税 等）	××	（仮払法人税等）	××
		（未払法人税等）	280,000

決算に関する取引のポイント

［1］現金過不足

✔ 決算において原因不明の現金過不足は、**雑損［費用］**または**雑益［収益］**に振り替える

［2］当座借越の振り替え

✔ 決算日において当座借越が生じている場合には、貸方の当座預金残高を**当座借越［負債］**または**借入金［負債］**に振り替える

［3］貯蔵品勘定への振り替え

✔ 郵便切手やはがきは購入時に**通信費［費用］**、収入印紙は購入時に**租税公課［費用］**として処理している

⇒ 決算日において未使用分がある場合には、その金額を各費用の勘定から**貯蔵品［資産］**に振り替える

［4］貸倒れの処理

✔ 前期に発生した売掛金が貸し倒れたとき

⇒ まずは設定している貸倒引当金を取り崩し、これを超過する金額は**貸倒損失［費用］**で処理する

✔ 当期に発生した売掛金が貸し倒れたとき

⇒ 全額、**貸倒損失［費用］**で処理する

✔ 前期以前に貸倒処理した売掛金を回収したとき

⇒ 回収額を**償却債権取立益［収益］**で処理する

［5］再振替仕訳

✔ 決算で行った費用・収益の前払い・前受け、未払い・未収の仕訳は、翌期首において逆仕訳を行う

[6] 法人税等の処理

✔ 法人税等の中間申告をしたとき

⇒ **仮払法人税等［資産］**を計上

✔ 決算において、法人税等の金額が確定したとき

⇒ **法人税、住民税及び事業税**（または**法人税等**）を計上

⇒ 中間申告時の**仮払法人税等［資産］**を減少させる

⇒ 確定した税額と**仮払法人税等［資産］**との差額は、**末払法人税等［負債］**で処理

[7] 損益振替

✔ 当期純利益の場合は、損益勘定の残高を、損益勘定から繰越利益剰余金勘定の貸方に振り替える

（損　　　　益）	××	（繰越利益剰余金） 資本の増加を表す	××

✔ 当期純損失の場合は、損益勘定の残高を、損益勘定から繰越利益剰余金勘定の借方に振り替える

（繰越利益剰余金） 資本の減少を表す	××	（損　　　　益）	××

伝票の起票

解答

	借方科目	金額	貸方科目	金額
1	エ 仕入	80,000	ウ 買掛金	80,000
2	ウ 売掛金	120,000	カ 売上	120,000

解説

取引から伝票を起票する問題です。一部現金取引については取引を分解する方法と、2つの取引があったと仮定する方法の2つの起票方法があります。

1 商品の仕入

(1) 取引の仕訳

(仕入)	81,000	(買掛金)	80,000
		(現金)	1,000

(2) 取引を分解する方法

振替伝票：(仕入) 80,000 (買掛金) 80,000

出金伝票：(仕入) 1,000 (現金) 1,000

(3) 2つの取引があったと仮定する方法

この取引をいったん全額掛けで行ったとして、**買掛金［負債］**で処理し、そのうち1,000円をただちに現金で支払ったと仮定すると、各伝票の記入は次のようになります。

振替伝票：(仕入) 81,000 (買掛金) 81,000

出金伝票：(買掛金) 1,000 (現金) 1,000

(4) 解答

問題文の出金伝票の勘定科目と金額が「取引を分解する方法」と一致するので、

こちらの方法で起票したことがわかります。

2 商品の売上

(1) 取引の仕訳

(現　　　金)	20,000	(売　　　上)	120,000
(売　掛　金)	100,000		

(2) 取引を分解する方法

入金伝票：

(現　　　金)	20,000	(売　　　上)	20,000

振替伝票：

(売　掛　金)	100,000	(売　　　上)	100,000

(3) ２つの取引があったと仮定する方法

この取引をいったん全額掛けで行ったとして、**売掛金［資産］**で処理し、そのうち20,000円をただちに小切手を受け取った（現金で回収した）と仮定すると、各伝票の記入は次のようになります。

振替伝票：

(売　掛　金)	120,000	(売　　　上)	120,000

入金伝票：

(現　　　金)	20,000	(売　掛　金)	20,000

(4) 解答

問題文の入金伝票の勘定科目と金額が「２つの取引があったと仮定する方法」と一致するので、こちらの方法で起票したことがわかります。

伝票の起票のポイント

✔ まずは取引の仕訳をし、取引を分解する方法と、２つの取引があったと仮定する方法で仕訳をしてみて、どちらの方法で起票しているかを考える

第2問対策－❶／20問　小口現金出納帳

解答

小口現金出納帳

受入	×5年		摘要	支払	内訳 旅費交通費	消耗品費	通信費	雑費
30,000	4	3	小切手					
		〃	電車代	3,500	3,500			
		4	ボールペン代	1,000		1,000		
		〃	郵便切手代	1,600			1,600	
		5	新聞代	3,400				3,400
		〃	コピー用紙代	2,100		2,100		
		6	タクシー代	4,400	4,400			
		〃	お茶菓子代	2,700				2,700
		7	電話代	4,200			4,200	
		〃	バス代	800	800			
			合計	23,700	8,700	3,100	5,800	6,100
		〃	次週繰越	6,300				
30,000				30,000				
6,300	4	10	前週繰越					
23,700		〃	小切手					

日付	借方科目	金額	貸方科目	金額
4/7	ウ 旅費交通費	8,700	ア 小口現金	23,700
	エ 消耗品費	3,100		
	オ 通信費	5,800		
	カ 雑費	6,100		
4/10	ア 小口現金	23,700	イ 当座預金	23,700

解説

小口現金出納帳に記入し、週末および週明けの仕訳を答える問題です。

1 小口現金出納帳の記入

本問は週明けに資金を補給しているので、翌週の月曜日に資金が補給されます。

小口現金出納帳

受入	×5年		摘要	支払	内訳			
					旅費交通費	消耗品費	通信費	雑費
			合計	23,700	8,700	3,100	5,800	6,100
		〃	次週繰越	6,300				
30,000				30,000				
6,300	4	10	前週繰越					
23,700		〃	小切手					

週明けに支払金額を補給

2 仕訳

(1) 4月7日…小口現金の支払いに関する仕訳をします。

(2) 4月10日…小口現金の補給に関する仕訳をします。

小口現金出納帳のポイント

[1] 週明け補給の場合

✔ 週末の仕訳…小口現金の支払いに関する仕訳

✔ 週明けの仕訳…小口現金の補給に関する仕訳

[2] 週末補給の場合

✔ 週末の仕訳…小口現金の支払いに関する仕訳
&小口現金の補給に関する仕訳

✔ 週明けの仕訳…なし

第2問対策－❷／20問　手形記入帳－Ⅰ

解答

帳簿の名称：（ウ　受取手形）記入帳

取引の仕訳

日付	借方科目	金額	貸方科目	金額
9/15	ウ　受取手形	300,000	カ　売上	300,000
10/5	ウ　受取手形	500,000	イ　売掛金	500,000
12/15	ア　当座預金	300,000	ウ　受取手形	300,000

解説

手形記入帳に記入された取引を答える問題です。

1　帳簿の名称

摘要欄に「売上」、「売掛金」とあり、また「受取人欄」がないことから受取手形記入帳ということがわかります（受取手形記入帳の場合、受取人は常に当社のため、「受取人欄」がありません）。

2　取引の仕訳

9月15日　摘要欄に「売上」、手形種類欄に「約手」とあるので、商品を売り上げ、約束手形を受け取ったことがわかります。

10月5日　摘要欄に「売掛金」、手形種類欄に「約手」とあるので、売掛金の回収として約束手形を受け取ったことがわかります。

12月15日　てん末欄に「当座預金口座に入金」とあるので、約束手形の代金が当座預金口座に入金されたことがわかります。

手形記入帳－Ⅱ

解答

帳簿の名称：（オ　支払手形）記入帳

取引の仕訳

日付	借方科目	金額	貸方科目	金額
4/10	キ　仕入	500,000	オ　支払手形	500,000
5/15	エ　買掛金	700,000	オ　支払手形	700,000
7/10	オ　支払手形	500,000	ア　当座預金	500,000

解説

手形記入帳に記入された取引を答える問題です。

1　帳簿の名称

摘要欄に「仕入」、「買掛金」とあり、また「受取人欄」と「振出人欄」があることから支払手形記入帳ということがわかります。

2　取引の仕訳

4月10日　摘要欄に「仕入」、手形種類欄に「約手」とあるので、商品を仕入れ、約束手形を振り出したことがわかります。

5月15日　摘要欄に「買掛金」、手形種類欄に「約手」とあるので、買掛金を支払うために約束手形を振り出したことがわかります。

7月10日　てん末欄に「当座預金口座から引き落し」とあるので、約束手形が決済され、当座預金口座から支払われたことがわかります。

売掛金元帳・買掛金元帳－Ⅰ

解答

売　掛　金　元　帳

鳥　取　商　事

x年		摘　　要	借　方	貸　方	借/貸	残　高
3	1	（　オ　）	300,000		借	300,000
	7	（　ア　）	140,000		〃	440,000
	15	（　ア　）	150,000		〃	590,000
	18	（　ウ　）		50,000	〃	540,000
	25	（　エ　）		200,000	〃	340,000
	31	（　カ　）		340,000		
			590,000	590,000		
4	1	（　オ　）	340,000		借	340,000

売　掛　金　明　細　表

	3月1日	3月31日
鳥取商事	¥ 300,000	¥ 340,000
岡山商事	¥ 150,000	¥ 170,000
	¥ 450,000	¥ 510,000

解説

売掛金元帳と売掛金明細表に記入する問題です。

売掛金元帳には、取引先ごとの売掛金の増減の状況を記入するため、仕訳をするときは、「売掛金」の後ろに取引先を書いておきます。

1 売掛金元帳

本問では、鳥取商事勘定の記入が求められているので、鳥取商事の売掛金の状況のみ記入します。なお、3月1日の前月繰越額は売掛金明細表の3月1日時点の残高（300,000円）を記入します。

各取引日の仕訳を示すと、次のとおりです。

3月7日	(売掛金・鳥取)	140,000	(売　　上)	140,000
	(売掛金・岡山)	120,000	(売　　上)	120,000
3月15日	(受取手形)	150,000	(売　　上)	300,000
	(売掛金・鳥取)	150,000		
3月16日	(売掛金・岡山)	200,000	(売　　上)	200,000
3月18日	(売　　上)	50,000	(売掛金・鳥取)	50,000
3月25日	(現　　金)	200,000	(売掛金・鳥取)	200,000
	(現　　金)	300,000	(売掛金・岡山)	300,000

2 売掛金明細表

売掛金明細表には、取引先別に売掛金の月末残高を記入します。

鳥取商事：300,000円＋140,000円＋150,000円－50,000円－200,000円＝340,000円

岡山商事：150,000円＋120,000円＋200,000円－300,000円＝170,000円

第2問対策－❺／20問　売掛金元帳・買掛金元帳－Ⅱ

解答

5月31日時点の残高

島根商事：¥　78,500　　　広島商事：¥　45,000

解説

買掛金元帳に関する問題です。

取引先別の買掛金の残高を計算するため、仕訳をするときは「買掛金」の後ろに取引先を書いておきます。

(1) 取引の仕訳

5月8日	(仕　　　入)	50,000[*1]	(買掛金・島根)	50,000
	＊1　@1,000円×50個＝50,000円			
5月10日	(仕　　　入)	120,000[*2]	(当　座　預　金)	20,000
			(買掛金・広島)	100,000
	＊2　@1,500円×80個＝120,000円			
5月12日	(買掛金・広島)	15,000[*3]	(仕　　　入)	15,000
	＊3　@1,500円×10個＝15,000円			
5月18日	(仕　　　入)	77,000[*4]	(支　払　手　形)	38,500
			(買掛金・島根)	38,500
	＊4　@1,100円×70個＝77,000円			
5月23日	(仕　　　入)	84,000[*5]	(買掛金・山口)	84,000
	＊5　@1,400円×60個＝84,000円			
5月30日	(買掛金・島根)	70,000	(当　座　預　金)	155,000
	(買掛金・広島)	85,000		

(2) 取引先別の買掛金の残高

島根商事：60,000円＋50,000円＋38,500円－70,000円＝78,500円

広島商事：45,000円＋100,000円－15,000円－85,000円＝45,000円

山口商事：84,000円

第2問対策−❻／20問　商品有高帳−Ⅰ

解答

商品有高帳

（先入先出法）　　　　　　商品甲

日付		摘要	受入			払出			残高		
			数量	単価	金額	数量	単価	金額	数量	単価	金額
5	1	前月繰越	10	300	3,000				10	300	3,000
	10	仕入	30	320	9,600				10	300	3,000
									30	320	9,600
	14	売上				10	300	3,000			
						15	320	4,800	15	320	4,800
	20	仕入	45	330	14,850				15	320	4,800
									45	330	14,850
	22	仕入戻し				5	330	1,650	15	320	4,800
									40	330	13,200
	24	売上				15	320	4,800			
						25	330	8,250	15	330	4,950
	31	次月繰越				15	330	4,950			
			85	–	27,450	85	–	27,450			
6	1	前月繰越	15	330	4,950				15	330	4,950

解説

先入先出法によって商品有高帳に記入する問題です。

先入先出法は、さきに受け入れたものからさきに払い出したと仮定して商品の払出単価を計算する方法です。

商品有高帳－Ⅱ

解答

問1

商　品　有　高　帳

（移動平均法）　　　　商　　品　　A

日付		摘　要	受入			払出			残高		
			数量	単価	金額	数量	単価	金額	数量	単価	金額
6	1	前月繰越	20	200	4,000				20	200	4,000
	8	仕　入	20	240	4,800				40	220	8,800
	10	売　上				30	220	6,600	10	220	2,200
	15	仕　入	40	250	10,000				50	244	12,200
	20	売　上				20	244	4,880	30	244	7,320
	26	仕　入	15	256	3,840				45	248	11,160
	28	仕入戻し				5	256	1,280	40	247	9,880
	30	次月繰越				40	247	9,880			
			95	－	22,640	95	－	22,640			
7	1	前月繰越	40	247	9,880				40	247	9,880

問2

売上総利益の計算

売　上　高	（　17,700）
売上原価	（　11,480）
売上総利益	（　6,220）

解説

問1　商品有高帳の記入

移動平均法を採用しているので、商品を仕入れるつど、平均単価を計算し、平均単価を払出単価とします。

商品有高帳には、商品の移動がある場合と仕入単価が変動する場合に記入するため、返品（仕入戻し、売上戻り）についても商品有高帳に記入します。

商　品　有　高　帳

（移動平均法）　　　　　　　　　　商　　品　　A

日付		摘要	受入			払出			残高		
			数量	単価	金額	数量	単価	金額	数量	単価	金額
6	1	前月繰越	20	200	4,000				20	200	4,000
	8	仕入	20	240	4,800				40	❶ 220	8,800
	10	売上				30	220	6,600	10	220	2,200
	15	仕入	40	250	10,000				50	❷ 244	12,200
	20	売上				20	244	4,880	30	244	7,320
	26	仕入	15	256	3,840				45	❸ 248	11,160
	28	仕入戻し				5	❹ 256	1,280	40	❺ 247	9,880
	30	次月繰越				40	247	9,880			
			95	—	22,640	95	—	22,640			
7	1	前月繰越	40	247	9,880				40	247	9,880

❶平均単価：$\frac{4{,}000\text{円}+4{,}800\text{円}}{20\text{個}+20\text{個}}=@220\text{円}$

❷平均単価：$\frac{2{,}200\text{円}+10{,}000\text{円}}{10\text{個}+40\text{個}}=@244\text{円}$

❸平均単価：$\frac{7{,}320\text{円}+3{,}840\text{円}}{30\text{個}+15\text{個}}=@248\text{円}$

❹仕入戻しの場合は、仕入れたときの単価で記入します。

❺平均単価：$\frac{11{,}160\text{円}-1{,}280\text{円}}{45\text{個}-5\text{個}}=@247\text{円}$

問2　売上総利益の計算

売上高から売上原価を差し引いて売上総利益を計算します。

(1)　売上高

@350円×30個＋@360円×20個＝17,700円

6/10 売上　　6/20 売上

(2)　売上原価

6,600円＋4,880円＝11,480円

6/10の払出欄の金額　　6/20の払出欄の金額

(3)　売上総利益

17,700円－11,480円＝6,220円

第2問対策－❽／20問　補助簿の選択

解答

補助簿＼取引	(1)	(2)	(3)	(4)	(5)
ア．現金出納帳	ア	(ア)	ア	(ア)	ア
イ．当座預金出納帳	イ	イ	イ	イ	(イ)
ウ．仕入帳	(ウ)	ウ	(ウ)	ウ	ウ
エ．売上帳	エ	エ	エ	(エ)	エ
オ．商品有高帳	(オ)	オ	(オ)	(オ)	オ
カ．売掛金元帳	カ	(カ)	カ	(カ)	カ
キ．買掛金元帳	(キ)	キ	(キ)	キ	キ
ク．受取手形記入帳	ク	ク	ク	(ク)	ク
ケ．支払手形記入帳	(ケ)	ケ	ケ	ケ	ケ
コ．固定資産台帳	コ	コ	コ	コ	(コ)

解説

取引から記入される補助簿を選択する問題です。

取引の仕訳をし、補助簿を選択します。なお、仕訳で「売上」と「仕入」があるときは、基本的に商品有高帳にも記入します。

各取引の仕訳を示すと、次のとおりです。

(1)　商品の仕入

借方	金額	貸方	金額
(仕入)→仕入帳・商品有高帳	40,000	(支払手形)→支払手形記入帳	20,000
		(買掛金)→買掛金元帳	20,000

(2)　売掛金の回収

借方	金額	貸方	金額
(現金)→現金出納帳	50,000	(売掛金)→売掛金元帳	50,000

(3) 仕入戻し

(買　掛　金)	1,000	(仕　　入)	1,000

→買掛金元帳　　→仕入帳・商品有高帳

(4) 商品の売上

→受取手形記入帳　　→売上帳・商品有高帳

(受　取　手　形)	20,000	(売　　上)	60,000
(売　掛　金)	40,000		

→売掛金元帳

(発　送　費)	1,500	(現　　金)	1,500

→現金出納帳

(5) 固定資産の購入

(建　　物)	10,000,000	(仮　払　金)	2,000,000
(土　　地)	15,000,000	(当　座　預　金)	23,000,000

→固定資産台帳　　→当座預金出納帳

補助簿の選択のポイント

- ✔ 取引の仕訳をしてから、該当する補助簿を選択する
- ✔ 仕訳に「仕入」、「売上」が出てきたら、基本的に商品有高帳にも記入する

勘定記入－Ⅰ

解答

（ア）	（イ）	（ウ）	（エ）	（A）
1,268,000	864,000	348,000	304,000	減価償却費

解説

固定資産の取得および減価償却に関する勘定記入の問題です。当期（×4年４月１日から×5年３月31日まで）の仕訳を考えて解答しましょう。

1 備品勘定の記入

⑴ ×4年４月１日　前期繰越…（ア）

当期首（×4年４月１日）時点で、所有する備品は備品Ａと備品Ｂです。したがって、備品勘定の前期繰越額は備品Ａと備品Ｂの取得原価を合計して求めます。

前期繰越額：500,000円＋768,000円＝1,268,000円

⑵ ×4年７月１日　備品Ｃの購入…（イ）

備品Ｃの取得年月日が×4年７月１日なので、備品Ｃ（取得原価864,000円）は当期に取得したことがわかります。

取得時の仕訳：（備　　　　品）　864,000　（当　座　預　金）　864,000

2 備品減価償却累計額勘定の記入

⑴ ×4年４月１日　前期繰越…（ウ）

固定資産台帳の期首減価償却累計額の合計金額（348,000円）を記入します。

⑵ ×5年３月31日（貸方）…（Ａ）（エ）

決算において、減価償却をすることによって、備品減価償却累計額勘定の貸方に金額が記入されます。なお、当期の減価償却費は、固定資産台帳の当期減価償却費の合計金額より304,000円とわかります。

決算時の仕訳：（減　価　償　却　費）　304,000　（備品減価償却累計額）　304,000

以上より、各勘定の空欄は次のようになります。

備　　品

日付			摘要	借方	日付			摘要	貸方
×4	4	1	前期繰越	(ア 1,268,000)	×5	3	31	次期繰越	(2,132,000)
	7	1	当座預金	(イ 864,000)					
				(2,132,000)					(2,132,000)

備品減価償却累計額

日付			摘要	借方	日付			摘要	貸方
×5	3	31	次期繰越	(652,000)	×4	4	1	前期繰越	(ウ 348,000)
					×5	3	31	(A減価償却費)	(エ 304,000)
				(652,000)					(652,000)

勘定記入－Ⅱ

解答

仕　　入

日付	摘要	金額	日付	摘要	金額
10/(5)	[ア 当座預金]	(50,000)	10/(14)	[エ 買掛金]	(5,000)
(12)	[エ 買掛金]	(70,000)			
(25)	[オ 支払手形]	(20,000)			

売　　上

日付	摘要	金額	日付	摘要	金額
10/(21)	[イ 売掛金]	(10,000)	10/(8)	[イ 売掛金]	(80,000)
			(18)	[イ 売掛金]	(90,000)
			(30)	[ウ 受取手形]	(60,000)

売　掛　金

日付	摘要	金額	日付	摘要	金額
10/ 1	前月繰越	60,000	10/(21)	[カ 売上]	(10,000)
(8)	[カ 売上]	(80,000)			
(18)	[カ 売上]	(90,000)			

買　掛　金

日付	摘要	金額	日付	摘要	金額
10/(14)	[キ 仕入]	(5,000)	10/ 1	前月繰越	30,000
			(12)	[キ 仕入]	(70,000)

解説

分記法の勘定記入から取引を推定し、三分法の勘定に書き改める問題です。

まずは、分記法の勘定記入から、分記法による場合の仕訳を行い、取引を推定します。そして、三分法の仕訳を行い、答案用紙の各勘定に記入します。

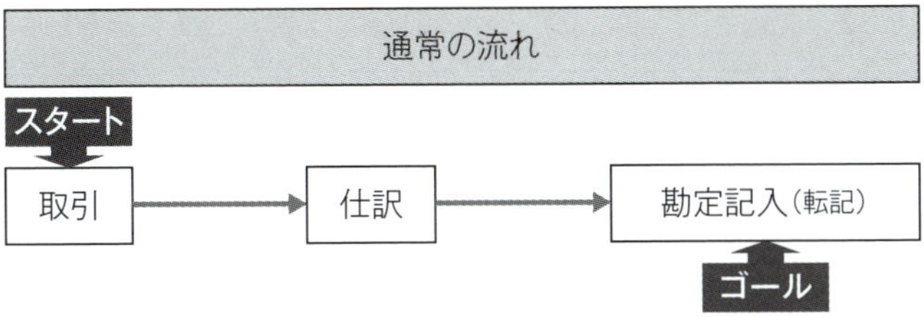

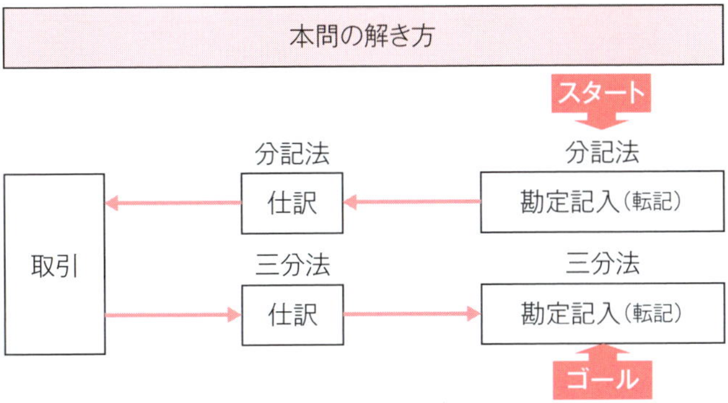

1 分記法の仕訳と取引の推定

分記法の勘定記入から、分記法による場合の仕訳をします。

なお、同一の日付の取引は一つの取引を転記したものなので、同一の日付に注目して仕訳をしてください。

10/5	（商　　品）	50,000	（当 座 預 金）	50,000

※ 借方「商品」となるのは、商品を仕入れたときです。

> 取引：商品50,000円を仕入れ、代金は小切手を振り出して支払った。

10/8	（売　掛　金）	80,000	（商　　品）	56,000
			（商 品 売 買 益）	24,000

※ 貸方「商品」&「商品売買益」となるのは、商品を売り上げたときです。

> 取引：商品80,000円（原価56,000円）を売り上げ、代金は掛けとした。

10/12	（商　　品）	70,000	（買 掛 金）	70,000

取引：商品70,000円を仕入れ、代金は掛けとした。

10/14	（買 掛 金）	5,000	（商　　品）	5,000

※　貸方「商品」となるのは、仕入戻しがあったときです。

取引：さきに掛けで仕入れた商品のうち、5,000円を返品した。

10/18	（売 掛 金）	90,000	（商　　品）	63,000
			（商品売買益）	27,000

取引：商品90,000円（原価63,000円）を売り上げ、代金は掛けとした。

10/21	（商　　品）	7,000	（売 掛 金）	10,000
	（商品売買益）	3,000		

※　借方「商品」&「商品売買益」となるのは、売上戻りがあったときです。

取引：さきに掛けで売り上げた商品のうち、10,000円が返品された。

10/25	（商　　品）	20,000	（支払手形）	20,000

取引：商品20,000円を仕入れ、代金は約束手形を振り出して支払った。

10/30	（受取手形）	60,000	（商　　品）	42,000
			（商品売買益）	18,000

取引：商品60,000円（原価42,000円）を売り上げ、代金は約束手形で受け取った。

2 三分法の仕訳

以上より、三分法の仕訳は次のようになります。

10/5	（仕　　　　入）	50,000	（当　座　預　金）	50,000
10/8	（売　掛　金）	80,000	（売　　　　上）	80,000
10/12	（仕　　　　入）	70,000	（買　掛　金）	70,000
10/14	（買　掛　金）	5,000	（仕　　　　入）	5,000
10/18	（売　掛　金）	90,000	（売　　　　上）	90,000
10/21	（売　　　　上）	10,000	（売　掛　金）	10,000
10/25	（仕　　　　入）	20,000	（支　払　手　形）	20,000
10/30	（受　取　手　形）	60,000	（売　　　　上）	60,000

上記の仕訳にもとづいて、答案用紙の各勘定に記入します。

三分法と分記法のポイント

［1］三分法

✔ 商品売買取引について、**仕入［費用］**、**売上［収益］**、**繰越商品［資産］**の３つの勘定を用いて処理する方法

［2］分記法

✔ 商品売買取引について、**商品［資産］**と**商品売買益［収益］**の２つの勘定を用いて処理する方法

第2問対策ー⑪／20問

勘定記入ーⅢ

解答

①	②	③	④	⑤
イ　総勘定元帳	ウ　仕入先元帳	カ　仕　　入	500	60,000

⑥	⑦	⑧	⑨	⑩
20,000	30,500	1,000	25,000	50,000

解説

帳簿名と帳簿の記入を答える問題です。

1　帳簿名

主要簿には仕訳帳と総勘定元帳があります。本問では買掛金勘定が記載されているので、①は**総勘定元帳**であることがわかります。

また、補助簿にはいくつかの種類がありますが、「10月中の**買掛金**に関する取引の記録」であり、「東京商事」や「群馬商事」といった取引先名が記載されている勘定であるため、②は**仕入先元帳**であることがわかります。

2　取引の仕訳

仕入先元帳の記入より、日付に着目し、取引の仕訳を行います。

①　東京商事勘定

10/5	仕　入：	(仕　　入)	20,000	(買　掛　金)	20,000	…⑥
10/8	返　品：	(買　掛　金)	500	(仕　　入)	500	…③④
10/25	支払い：	(買　掛　金)*	35,000	(当　座　預　金)	35,000	…⑤

＊　買掛金勘定の借方に「10/25　当座預金」とあるので、当座預金による買掛金の支払いであることがわかります。

10/31　次月繰越：東京商事勘定の貸借差額で計算します。…⑦

② 群馬商事勘定

10/1 前月繰越：買掛金勘定の「前月繰越 96,000円」と東京商事勘定の「前月繰越 46,000円」より、差額で計算します。

96,000円－46,000円＝50,000円…⑩

10/20 仕 入：（仕 入） 30,000 （買 掛 金） 30,000

10/22 返 品：（買 掛 金） 1,000 （仕 入） 1,000*1 …⑧

＊1 買掛金勘定の借方に「10/22 1,000」とあるので、群馬商事の返品額が1,000円であることがわかります。

10/25 支払い：（買 掛 金） 25,000 （当 座 預 金） 25,000*2 …⑤⑨

＊2 群馬商事勘定の貸借差額で計算します。

群 馬 商 事

10/22	返 品	（⑧ 1,000）	10/1	前 月 繰 越	（⑩ 50,000）
25	支 払 い	（⑨ 25,000）	20	仕 入	30,000
31	次 月 繰 越	54,000			
		（ 80,000）			（ 80,000）

3 勘定に記入

上記の仕訳から各勘定に記入すると、次のとおりです。

主 要 簿

①総勘定元帳

買 掛 金

10/8	（③仕 入）	（④ 500）	10/1	前 月 繰 越	96,000
22	（仕 入）	1,000	5	（仕 入）	（⑥ 20,000）
25	当 座 預 金	（⑤ 60,000）	20	（仕 入）	（ 30,000）
31	次 月 繰 越	（ 84,500）			
		（ 146,000）			（ 146,000）

補　助　簿

②仕入先元帳

東　京　商　事

10/8	返　品	500	10/1	前月繰越	46,000
25	支払い	35,000	5	仕　入	20,000
31	次月繰越	(⑦ 30,500)			
		(66,000)			(66,000)

群　馬　商　事

10/22	返　品	(⑧ 1,000)	10/1	前月繰越	(⑩ 50,000)
25	支払い	(⑨ 25,000)	20	仕　入	30,000
31	次月繰越	54,000			
		(80,000)			(80,000)

勘定記入のポイント

✔ 同じ日付に注目して仕訳をする！

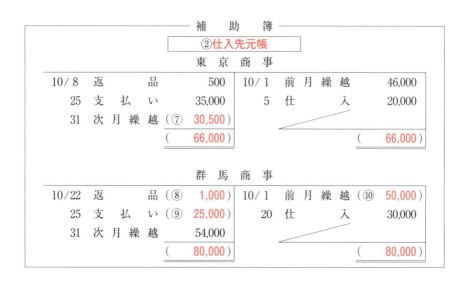

第2問対策ー⑫／20問　勘定記入ーⅣ

解答

保険料

日付	摘要	金額	日付	摘要	金額
(12/1)	(イ 普通預金)	(60,000)	3/31	(エ 前払保険料)	(20,000)
			〃	(カ 損益)	(40,000)
		(60,000)			(60,000)

前払保険料

日付	摘要	金額	日付	摘要	金額
3/31	(オ 保険料)	(20,000)	3/31	(キ 次期繰越)	(20,000)

解説

取引を勘定に記入する問題です。

各日付の仕訳を示すと次のとおりです。

×2年12月1日　保険料の支払い

(保険料)	60,000	(普通預金)	60,000

×3年3月31日　決算整理仕訳

(1) 保険料の前払処理

×2年12月1日に支払った保険料は×3年5月31日までの6か月分なので、このうち×3年4月1日から5月31日までの2か月分を次期の費用として前払処理します。

前払保険料：@10,000円×2か月＝20,000円

(前払保険料)	20,000	(保険料)	20,000

(2) 損益勘定への振り替え

決算において、費用・収益の各勘定残高は損益勘定に振り替えます。したがって、保険料勘定の残高を損益勘定の借方に振り替えます。

(損益)	40,000	(保険料)	40,000

(3) 前払保険料の次期繰越額

決算において、前払処理した保険料20,000円が前払保険料の次期繰越額となります。

第2問対策－⑬／20問

勘定記入－V

解答

ア	イ	ウ	エ	オ
前払地代	70,000	前払地代	130,000	支払地代
カ	キ	ク	ケ	コ
84,000	支払地代	70,000	次期繰越	84,000

解説

費用の前払いに関する、期首および決算時の勘定記入の問題です。

各日付の仕訳は次のとおりです。

4月1日 再振替仕訳

前払地代勘定の借方に「4/1 前期繰越 70,000」とあるので、前期末において、支払地代70,000円を前払処理していることがわかります。したがって、当期首において再振替仕訳をします。

前期末：(前 払 地 代) 70,000 (支 払 地 代) 70,000

当期首：(支 払 地 代) 70,000 (前 払 地 代) 70,000

11月1日 地代の支払い

支払地代勘定の借方に「11/1 現金 144,000」とあるので、11月1日に地代144,000円を現金で支払ったことがわかります。

(支 払 地 代) 144,000 (現 金) 144,000

3月31日 支払地代の前払処理

支払地代勘定の貸方にある「3/31 [ウ] 84,000」は、決算において地代84,000円を次期の費用として前払処理したことを表します。したがって、3月31日に行われる支払地代の前払処理の仕訳は次のようになります。

(前 払 地 代) 84,000 (支 払 地 代) 84,000

3月31日 支払地代勘定から損益勘定への振り替え

決算において、費用･収益の各勘定残高は損益勘定に振り替えます。したがって、支払地代勘定の残高（貸借差額）を損益勘定の借方に振り替えます。

（損　　　益）	130,000	（支　払　地　代）	130,000

3月31日 前払地代の次期繰越額

決算において、前払処理した地代84,000円が前払地代の次期繰越額となります。

以上より、各勘定の空欄は次のようになります。

支　払　地　代

4/1	［ア→前払地代］	（イ→ 70,000）	3/31	［ウ→前払地代］	84,000
11/1	現　　　金	144,000	〃	損　　　益	（エ→ 130,000）
		（ 214,000）			（ 214,000）

前　払　地　代

4/1	前期繰越	70,000	4/1	［キ→支払地代］	（ク→ 70,000）
3/31	［オ→支払地代］	（カ→ 84,000）	3/31	［ケ→次期繰越］	（コ→ 84,000）
		（ 154,000）			（ 154,000）

第2問対策－⑭／20問　勘定記入－Ⅵ

解答

①	②	③	④	⑤
20,000	ウ　損　益	720,000	イ　繰越利益剰余金	720,000

解説

剰余金の配当と処分、当期純損益の振り替えに関する勘定記入問題です。

1　6月25日の勘定記入

6月25日の日付で、利益準備金勘定と繰越利益剰余金勘定に記入されている取引は剰余金の配当と利益準備金の積み立てです。

(繰越利益剰余金)	200,000	(未　払　配　当　金)	200,000
(繰越利益剰余金)	20,000	(利　益　準　備　金)	20,000

2　3月31日の勘定記入

決算において、損益勘定の貸借差額で計算した当期純損益は繰越利益剰余金勘定に振り替えます。本問は収益（貸方）合計のほうが費用（借方）合計よりも多いので、当期純利益となります。

3,000,000円（売上）＋20,000円（受取利息）－（1,200,000円（仕入）＋800,000円（給料）＋300,000円（法人税等））＝720,000円

当期純利益は、資本の増加を表すため、繰越利益剰余金勘定の貸方に振り替えます。

(損　　　　益)	720,000	(繰越利益剰余金)	720,000

以上より勘定に記入すると、次のとおりです。

利益準備金

3/31	次期繰越	(320,000)	4/1	前期繰越	300,000
			6/25	繰越利益剰余金	(① 20,000)
		(320,000)			(320,000)

繰越利益剰余金

6/25	未払配当金	200,000	4/1	前期繰越	400,000
〃	利益準備金	20,000	3/31	(②損益)	(③ 720,000)
3/31	次期繰越	(900,000)			
		(1,120,000)			(1,120,000)

損益

3/31	仕入	1,200,000	3/31	売上	3,000,000
〃	給料	800,000	〃	受取利息	20,000
〃	法人税等	300,000			
〃	(④繰越利益剰余金)	(⑤ 720,000)			
		(3,020,000)			(3,020,000)

決算仕訳

解答

	借　方　科　目	金　額	貸　方　科　目	金　額
1	ウ　売　上　原　価	200,000	ア　繰　越　商　品	200,000
2	ウ　売　上　原　価	2,800,000	イ　仕　　　入	2,800,000
3	ア　繰　越　商　品	300,000	ウ　売　上　原　価	300,000
4	オ　損　　　益	2,700,000	ウ　売　上　原　価	2,700,000

解説

売上原価を算定する方法には、仕入勘定を用いる場合と、売上原価勘定を用いる場合があります。本問は、売上原価勘定を用いて売上原価を算定している場合の、決算における仕訳を答える問題です。

以下、売上原価を仕入勘定で算定している場合と、売上原価を売上原価勘定で算定している場合を、比較しながらみてみましょう。

1　売上原価を仕入勘定で算定している場合

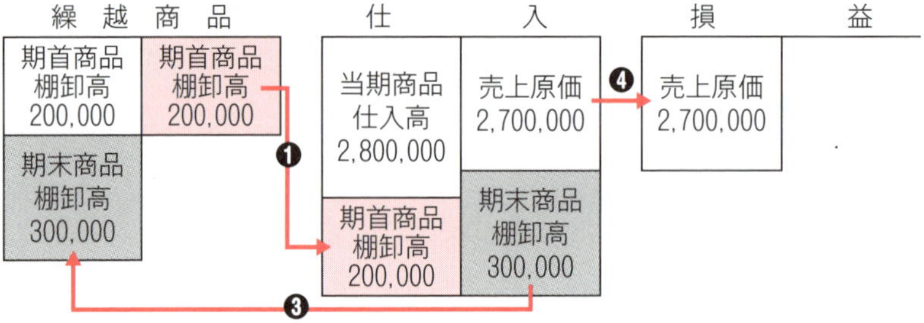

❶　期首商品棚卸高を振り替える仕訳

期首商品棚卸高を**繰越商品勘定**から**仕入勘定**に振り替えます。

（仕　　　入）　200,000　（繰　越　商　品）　200,000

❷ 当期商品仕入高を振り替える仕訳

仕入勘定を用いて売上原価を算定している場合、当期商品仕入高を振り替える仕訳はありません。

仕訳なし

❸ 期末商品棚卸高を振り替える仕訳

期末商品棚卸高を**仕入勘定**から**繰越商品勘定**に振り替えます。

(繰　越　商　品)	300,000	(仕　　　　入)	300,000

❹ 売上原価を損益勘定に振り替える仕訳

仕入勘定の残高を**仕入勘定**から**損益勘定**の借方に振り替えます。

(損　　　　益)	2,700,000	(仕　　　　入)	2,700,000

2 売上原価を売上原価勘定で算定している場合…解答

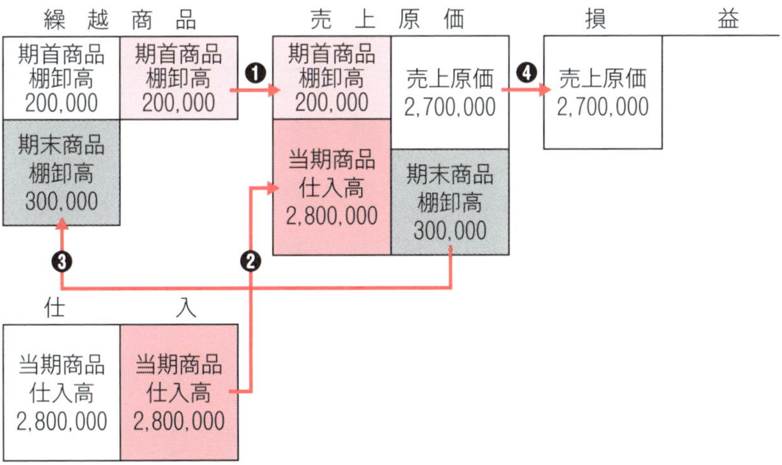

❶ 期首商品棚卸高を振り替える仕訳

期首商品棚卸高を**繰越商品勘定**から**売上原価勘定**に振り替えます。

(売　上　原　価)	200,000	(繰　越　商　品)	200,000

❷ 当期商品仕入高を振り替える仕訳

売上原価勘定を用いて売上原価を算定している場合、当期商品仕入高を**仕入勘定**から**売上原価勘定**に振り替えます。

（売　上　原　価）	2,800,000	（仕　　　　入）	2,800,000

❸ 期末商品棚卸高を振り替える仕訳

期末商品棚卸高を**売上原価勘定**から**繰越商品勘定**に振り替えます。

（繰　越　商　品）	300,000	（売　上　原　価）	300,000

❹ 売上原価を損益勘定に振り替える仕訳

売上原価勘定の残高を**売上原価勘定**から**損益勘定**の借方に振り替えます。

（損　　　　益）	2,700,000	（売　上　原　価）	2,700,000

証ひょうからの読み取り

解答

	借方科目	金額	貸方科目	金額
8.20	オ 買掛金	200,000	イ 普通預金	200,000
8.21	イ 普通預金	150,000	ア 現金	150,000
8.22	イ 普通預金	344,500	エ 売掛金	345,000
	コ 支払手数料	500		
8.25	ケ 給料	800,000	イ 普通預金	761,000
	コ 支払手数料	1,000	カ 所得税預り金	40,000

解説

証ひょうから取引を読み取って、仕訳を答える問題です。

普通預金口座の入出金明細なので、出金金額欄に記入があるものは、普通預金の減少を表し、入金金額欄に記入があるものは、普通預金の増加を表します。

1 8月20日の取引

出金金額欄に金額の記載があるので、**普通預金［資産］**の減少です。また、大阪商事は商品の取引先で、商品売買は掛けで行っていることから、大阪商事に対する買掛金を普通預金口座から支払った取引であることがわかります。

2 8月21日の取引

入金金額欄に金額の記載があるので、**普通預金［資産］**の増加です。また、内容欄に「ＡＴＭ入金」とあるので、ＡＴＭから現金を普通預金口座に入金した取引であることがわかります。

3　8月22日の取引

入金金額欄に金額の記載があるので、**普通預金［資産］**の増加です。また、京都産業は商品の取引先で、商品売買は掛けで行っていることから、京都産業に対する売掛金が普通預金口座に入金された取引であることがわかります。

なお、当社負担の振込手数料500円が差し引かれた残額が入金されているため、振込手数料500円は**支払手数料［費用］**で処理します。

4　8月25日の取引

出金金額欄に金額の記載があるので、**普通預金［資産］**の減少です。内容欄に「給与振込」とあるので、給与支払いの取引であることがわかります。

給　料：760,000円＋40,000円＝800,000円

また、振込手数料1,000円は**支払手数料［費用］**で処理します。

伝票－Ⅰ

解答

1.

入　金　伝　票	
科　　目	金　　額
土　　地	200,000

振　替　伝　票			
借方科目	金　　額	貸方科目	金　　額
[ウ　未　収　入　金]	(　650,000)	[エ　土　　地]	(　600,000)
		[オ　固定資産売却益]	(　50,000)

2.

入　金　伝　票	
科　　目	金　　額
売　掛　金	100,000

出　金　伝　票	
科　　目	金　　額
[オ　発　送　費]	(　3,000)

振　替　伝　票			
借方科目	金　　額	貸方科目	金　　額
[イ　売　掛　金]	(　500,000)	[ウ　売　　上]	(　500,000)

解説

取引から伝票を起票する問題です。

一部現金取引については、取引を分解する方法と、２つの取引があったと仮定する方法の２つの起票方法があります。

したがって、各取引について、両方の方法によった場合の仕訳を考え、答案用紙に記入済みの金額または勘定科目から、いずれの方法によって起票するかを決定します。

1　土地の売却

(1)　取引の仕訳

(現　　金)	200,000	(土　　地)	800,000
(未　収　入　金)	650,000	(固定資産売却益)	50,000

⑵ 取引を分解する方法

入金伝票：	(現　　　　　金)	200,000	(土　　　　　地)	200,000

振替伝票：	(未　収　入　金)	650,000	(土　　　　　地)	600,000
			(固定資産売却益)	50,000

⑶ ２つの取引があったと仮定する方法

売却代金について、いったん全額（850,000円）を**未収入金［資産］**で処理し、そのうち200,000円をただちに現金で回収したと仮定すると、各伝票の記入は次のようになります。

振替伝票：	(未　収　入　金)	850,000	(土　　　　　地)	800,000
			(固定資産売却益)	50,000

入金伝票：	(現　　　　　金)	200,000	(未　収　入　金)	200,000

⑷ 解答

答案用紙の入金伝票の勘定科目と金額が「取引を分解する方法」と一致するので、こちらの方法で各伝票に記入します。

2 商品の売上

⑴ 取引の仕訳

(現　　　　　金)	100,000	(売　　　　　上)	500,000
(売　　掛　　金)	400,000		

(発　　送　　費)	3,000	(現　　　　　金)	3,000

⑵ 取引を分解する方法

入金伝票：	(現　　　　　金)	100,000	(売　　　　　上)	100,000

振替伝票：	(売　　掛　　金)	400,000	(売　　　　　上)	400,000

出金伝票：	(発　　送　　費)	3,000	(現　　　　　金)	3,000

⑶　２つの取引があったと仮定する方法

商品の売上について、いったん全額（500,000円）を掛けで売り上げ、売掛金のうち100,000円をただちに現金で回収したと仮定すると、各伝票の記入は次のようになります。

振替伝票：（売　掛　金）　500,000　（売　　上）　500,000

入金伝票：（現　　金）　100,000　（売　掛　金）　100,000

出金伝票：（発　送　費）　3,000　（現　　金）　3,000

⑷　解答

答案用紙の入金伝票の勘定科目と金額が「２つの取引があったと仮定する方法」と一致するので、こちらの方法で各伝票に記入します。

伝票－Ⅱ

解答

	借方科目	金額	貸方科目	金額
問1	ア 現金	50,000	オ 売上	400,000
	イ 売掛金	350,000		
問2	カ 仕入	255,000	ア 現金	5,000
			ウ 支払手形	100,000
			エ 買掛金	150,000

解説

伝票から取引を推定する問題です。

各伝票の仕訳をしたあと、取引の仕訳を考えます。

問1 商品の売上

(1) **各伝票に記入された取引**

入金伝票：(現金) 50,000 ~~(売掛金) 50,000~~

＋

振替伝票：(売掛金) ~~400,000~~ 350,000 (売上) 400,000

↓

(2) **取引（解答）の仕訳**

(現金)	50,000	(売上)	400,000
(売掛金)	350,000		

問2 商品の仕入

⑴ 各伝票に記入された取引

出金伝票：	（仕　　　　入）	5,000	（現　　　　金）	5,000
			＋	
振替伝票：	（仕　　　　入）	250,000	（支　払　手　形）	100,000
			（買　　掛　　金）	150,000

↓

⑵ 取引（解答）の仕訳

（仕　　　　入）	255,000	（現　　　　金）	5,000
		（支　払　手　形）	100,000
		（買　　掛　　金）	150,000

解答

(1)

仕　訳　日　計　表

×1年11月1日

借　　方	勘定科目	貸　　方
50,000	現　　　金	25,000
70,000	売　掛　金	
	買　掛　金	45,000
	売　　　上	100,000
	受取手数料	20,000
70,000	仕　　　入	
190,000		190,000

(2)　出金伝票No.202と振替伝票No.302に記録された取引で仕入れた商品の金額

¥（　60,000　）

解説

伝票と仕訳日計表に関する問題です。

1　伝票の仕訳

伝票に記載された取引の仕訳を示すと、次のとおりです。

(1)　入金伝票の仕訳

入金伝票には借方が「現金」となる取引が記載されます。

No.101　(現　　　金)　20,000　(受取手数料)　20,000

No.102　(現　　　金)　30,000　(売　　　上)　30,000

(2)　出金伝票の仕訳

出金伝票には貸方が「現金」となる取引が記載されます。

No.201　(仕　　　入)　10,000　(現　　　金)　10,000

No.202　(仕　　　入)　15,000　(現　　　金)　15,000

(3) 振替伝票の仕訳

振替伝票には現金取引以外の取引が記載されます。

No.301	(売　掛　金)	70,000	(売　　上)	70,000
No.302	(仕　　入)	45,000	(買　掛　金)	45,000

2 仕訳日計表の作成

1の仕訳の金額を集計して仕訳日計表に記入します。

3 出金伝票No. 202と振替伝票No. 302に記録された取引で仕入れた商品の金額

出金伝票No.202と振替伝票No.302の仕訳より、仕入の金額を計算します。

No.202	(仕　　入)	15,000	(現　　金)	15,000
No.302	(仕　　入)	45,000	(買　掛　金)	45,000

仕入の金額：15,000円＋45,000円＝60,000円

文章の完成

解答

①	②	③	④	⑤
イ　減　少	ウ　手形貸付金	ウ　補助記入帳	イ　振　替	イ　残　高

解説

文章穴埋めの問題です。

1　売上原価の増減

「商品の期首棚卸高と当期仕入高が一定である」という前提のもとに、期末商品棚卸高の増減が及ぼす影響を考えます。

売上原価とは、一会計期間に販売した商品の原価をいい、次の式で表されます。

売上原価＝期首商品棚卸高＋当期商品仕入高－期末商品棚卸高

以上より、商品の期首棚卸高と当期仕入高を一定と仮定した場合、期末商品が大きくなると売上原価は**減少**することになります。

2　手形貸付金

資金の貸付けのさいに約束手形を受け取った場合は**手形貸付金**［資産］で処理します。

(手 形 貸 付 金)	×××	(現　金　な　ど)	×××

3　入金取引と出金取引の帳簿記入

補助簿は特定の取引の明細を記録する補助記入帳と、特定の勘定について項目別に記録する補助元帳に分けられます。ここで、現金出納帳は入金と出金に関する取引の明細を記録する補助簿であるため**補助記入帳**に該当します。

4 三伝票制

三伝票制を採用している場合、一般的に使用する伝票は**入金伝票**、**出金伝票**、**振替伝票**の３種類です。

5 試算表

試算表には、合計試算表、残高試算表、合計残高試算表の３種類があり、このうち、総勘定元帳の各勘定残高のみを記入した試算表は**残高試算表**です。

第3問対策－❶／4問

精算表の作成

解答

精　算　表

勘定科目	試算表		修正記入		損益計算書		貸借対照表	
	借方	貸方	借方	貸方	借方	貸方	借方	貸方
現金	13,600		700				14,300	
当座預金	52,000						52,000	
受取手形	36,000						36,000	
売掛金	44,000						44,000	
繰越商品	81,000		82,000	81,000			82,000	
貸付金	20,000						20,000	
備品	50,000						50,000	
支払手形		22,000						22,000
買掛金		35,200						35,200
仮受金		2,400	2,400					
貸倒引当金		700		900				1,600
備品減価償却累計額		20,000		10,000				30,000
資本金		100,000						100,000
繰越利益剰余金		80,000						80,000
売上		667,700				667,700		
受取利息		700		300		1,000		
仕入	490,300		81,000	82,000	489,300			
給料	72,000				72,000			
通信費	1,800			300	1,500			
支払家賃	44,000		4,000		48,000			
保険料	24,000			6,000	18,000			
	928,700	928,700						
雑（益）				400		400		
前受金				2,400				2,400
貸倒引当金繰入			900		900			
（貯蔵品）			300				300	
減価償却費			10,000		10,000			
（未払）家賃				4,000				4,000
（前払）保険料			6,000				6,000	
当期純（利益）					29,400			29,400
			187,300	187,300	669,100	669,100	304,600	304,600

解説

精算表（標準型）の問題です。

決算整理仕訳を示すと次のとおりです。

1 現金過不足の処理

現金の実際有高が700円超過しているので、**現金［資産］**を700円増加させます。また、原因が判明した300円については**受取利息［収益］**で処理し、原因不明の400円は**雑益［収益］**で処理します。

（現　　　　金）	700	（受　取　利　息）	300
		（雑　　　　益）	400

2 仮受金の処理

仮受金2,400円は商品代金の手付金として受け取ったものなので、**前受金［負債］**に振り替えます。

（仮　受　金）	2,400	（前　受　金）	2,400

3 貸倒引当金の設定

受取手形および売掛金の期末残高に対して貸倒引当金を設定します。

貸倒引当金繰入：(36,000円＋44,000円)×２％－700円＝900円

（貸倒引当金繰入）	900	（貸　倒　引　当　金）	900

4 売上原価の算定

仕入勘定で売上原価を算定するため、期首商品棚卸高（試算表欄の「繰越商品」）を**繰越商品［資産］**から**仕入［費用］**に振り替え、期末商品棚卸高を**仕入［費用］**から**繰越商品［資産］**に振り替えます。

（仕　　　　入）	81,000	（繰　越　商　品）	81,000
（繰　越　商　品）	82,000	（仕　　　　入）	82,000

5 貯蔵品への振り替え

郵便切手の未使用分を**通信費［費用］**から**貯蔵品［資産］**に振り替えます。

（貯　蔵　品）	300	（通　信　費）	300

6 固定資産の減価償却

備品について、定額法により減価償却をします。

減価償却費：50,000円÷５年＝10,000円

(減 価 償 却 費)	10,000	(備品減価償却累計額)	10,000

7 支払家賃の未払計上

支払家賃44,000円は11か月分なので、44,000円を11か月で割って１か月分の家賃を求め、これを当期の費用として未払計上します。

未払家賃：$44{,}000円 \times \frac{1か月}{11か月} = 4{,}000円$

(支 払 家 賃)	4,000	(未 払 家 賃)	4,000

8 保険料の前払計上

保険料24,000円のうち、当期分は９か月分なので、残りの３か月分を次期の費用として前払計上します。

前払保険料：$24{,}000円 \times \frac{3か月}{12か月} = 6{,}000円$

(前 払 保 険 料)	6,000	(保 険 料)	6,000

9 当期純損益の計算

損益計算書欄の貸借差額で当期純利益（または当期純損失）を計算します。なお、当期純利益（または当期純損失）は、貸借対照表欄の貸借差額で計算した金額と一致します。

001-0979-1033-12

改正対応 レジュメ	簿記の問題集 日商３級 第９版

2021年3月19日に2021年度の出題区分表が発表され、分記法および先方負担の売上諸掛りにつき、出題が見送られることとなりました。恐れ入りますが、以下の問題に差し替えの上、ご利用いただきますようお願い申し上げます。

ＴＡＣ出版

P. 3

第**1**問対策－❶／7問

商品売買

教科書 CHAPTER 02
解答解説 52ページ

4．北海道商事は青森商事に商品￥200,000を販売し、代金は月末に受け取ることにした。なお、北海道商事負担の発送運賃￥3,000を小切手を振り出して支払った。

ア．現金　イ．当座預金　ウ．売掛金　エ．買掛金　オ．売上　カ．発送費

P. 52～53

解答

4	ウ 売掛金	200,000	オ 売上	200,000
	カ 発送費	3,000	イ 当座預金	3,000

解説

4 売上諸掛りの処理

当社負担の売上諸掛りは当社の費用となるので、**発送費［費用］**で処理します。

P. 54

商品売買のポイント

［2］仕入諸掛り・売上諸掛りの処理

諸掛り		処理
仕入諸掛り	当社負担	**仕入［費用］**に含める
	仕入先負担	**立替金［資産］**
売上諸掛り	当社負担	**発送費［費用］**

勘定記入－Ⅱ

教科書 CHAPTER 02、07
解答解説 92ページ

次の商品有高帳および売価の記録にもとづいて、三分法による勘定記入を推定し、空欄（①）～（⑤）に当てはまる適切な金額を答えなさい。また、商品有高帳を先入先出法で記録した場合の4月の売上原価および売上総利益を答えなさい。なお、本問の解答上、会計期間は4月1日から4月30日までの1か月とし、4月30日を期末（決算日）として記帳手続を示すものとする。

商品有高帳

（移動平均法）　A品　（数量単位：個、金額単位：円）

日付		摘要	受入高			払出高			残高		
			数量	単価	金額	数量	単価	金額	数量	単価	金額
4	1	前期繰越	36	20	720				36	20	720
	5	仕入	24	20	480				60	20	1,200
	7	売上				15	20	300	45	20	900
	21	仕入	45	24	1,080				90	22	1,980
	22	売上				72	22	1,584	18	22	396
	30	次期繰越				18	22	396			
			105		2,280	105		2,280			
5	1	前期繰越	18	22	396				18	22	396

〈A品の売価〉

4/7：@¥30、4/22：@¥33

〈三分法による勘定記入〉

繰越商品

4/1	前期繰越	（①）	4/30	仕入	720
30	仕入	（　　）	〃	次期繰越	（②）
		（　　）			（　　）

仕入

4/5	買掛金	（　　）	4/30	繰越商品	（　　）
21	買掛金	（　　）	〃	損益	（③）
30	繰越商品	（　　）			
		（　　）			（　　）

売上

4/30	損益	（④）	4/7	売掛金	（⑤）
			22	売掛金	（　　）
		（　　）			（　　）

答案用紙　P. 17

①	②	③	④

⑤	売上原価	売上総利益
	¥	¥

P. 92

解答

①	②	③	④
720	396	1,884	2,826

⑤	売上原価	売上総利益
450	¥　1,848	¥　978

解説

1　移動平均法による商品有高帳の記入

商品有高帳は在庫を管理するための補助元帳であり、商品の増減をすべて原価で記入しています。したがって、受入高欄には仕入金額が、払出高欄には売価ではなく売上原価が記録されています。

商　品　有　高　帳

(移動平均法)　　　　　　　　A　品　　(数量単位：個、金額単位：円)

日付		摘要	受入高 数量	受入高 単価	受入高 金額	払出高 数量	払出高 単価	払出高 金額	残高 数量	残高 単価	残高 金額
4	1	前期繰越	36	20	720				36	20	720
	5	仕入	24	20	480				60	20	1,200
	7	売上				15	20	300	45	20	900
	21	仕入	45	24	1,080				90	22	1,980
	22	売上				72	22	1,584	18	22	396
	30	次期繰越				18	22	396			
			105		2,280	105		2,280			
5	1	前期繰越	18	22	396				18	22	396

移動平均法の場合、単価の異なる商品を仕入れた時点で平均単価を計算し、それを払出単価とします。

⑴ **期首（4月1日）**

前期繰越　36個（@20円）　720円…期首商品棚卸高

⑵ **期中**

4月5日：仕　　入　24個（@20円）　480円…残高60個（@20円）

4月7日：売　　上　15個　…残高45個（@20円）

4月21日：仕　　入　45個（@24円）1,080円

ここで移動平均法により平均単価算定…残高90個（@22円*）

＊ $\frac{900円+1,080円}{45個+45個}=@22円$

4月22日：売　　上　72個　…残高18個（@22円）

⑶ **期末（4月30日）**

決算整理　18個（@22円）　396円…期末商品棚卸高

2 仕訳・勘定記入（三分法）

商品有高帳の記入から、仕訳と勘定記入を示すと次のとおりです。

⑴ **仕訳**

4/5	（仕　　入）	480	（買　掛　金）	480
4/7	（売　掛　金）	450	（売　　上）	450*

＊ @30円×15個＝450円
売価

4/21	（仕　　入）	1,080	（買　掛　金）	1,080
4/22	（売　掛　金）	2,376	（売　　上）	2,376*

＊ @33円×72個＝2,376円
売価

4/30	（仕　　入）	720	（繰　越　商　品）	720
	（繰　越　商　品）	396	（仕　　入）	396

商品有高帳より期首商品は4／1の前期繰越720円、期末商品は4/30の次期繰越396円です。

4/30	(売　　　上)	2,826	(損　　　益)	2,826
	(損　　　益)	1,884	(仕　　　入)	1,884

決算整理後の売上勘定の残高と仕入勘定の残高（売上原価）を損益勘定へ振り替えます。

(2)　勘定記入

繰　越　商　品

4/1	前期繰越	（① 720）	4/30	仕　　入	720
30	仕　　入	（ 396）	〃	次期繰越	（② 396）
		（ 1,116）			（ 1,116）

仕　　入

4/5	買　掛　金	（ 480）	4/30	繰越商品	（ 396）
21	買　掛　金	（ 1,080）	〃	損　　益	（③ 1,884）
30	繰越商品	（ 720）			
		（ 2,280）			（ 2,280）

売　　上

4/30	損　　益	（④ 2,826）	4/7	売　掛　金	（⑤ 450）
			22	売　掛　金	（ 2,376）
		（ 2,826）			（ 2,826）

3　先入先出法による４月の売上原価と売上総利益の計算

(1)　先入先出法

先入先出法は、先に仕入れた古い商品から順番に販売（払い出し）されると仮定して、払出単価を計算する方法です。

商　品　有　高　帳

（先入先出法）　　　　　　　　　A　品　　　　（数量単位：個、金額単位：円）

日付		摘　要	受入高			払出高			残高		
			数量	単価	金額	数量	単価	金額	数量	単価	金額
4	1	前期繰越	36	20	720				36	20	720
	5	仕　　入	24	20	480				60	20	1,200
	7	売　　上				15	20	300	45	20	900
	21	仕　　入	45	24	1,080				45	20	900
									45	24	1,080
	22	売　　上				45	20	900			
						27	24	648	18	24	432
	30	次期繰越				18	24	432			
			105		2,280	105		2,280			
5	1	前期繰越	18	24	432				18	24	432

(2) 売上高の計算

三分法による勘定記入の売上勘定の貸方合計2,826円が４月の売上高になります。

(3) 売上原価の計算

商品有高帳の払出高欄の合計（次期繰越高を除く）が４月の売上原価になります。

４月の売上原価：300円＋900円＋648円＝1,848円
（300円：7日、900円＋648円：22日）

または、「前期繰越＋当期仕入－次期繰越」で計算します。

４月の売上原価：720円＋480円＋1,080円－432円＝1,848円
（720円：前期繰越、480円＋1,080円：当期仕入、432円：次期繰越）

(4) 売上総利益の計算

４月の売上総利益：2,826円－1,848円＝978円
（2,826円：売上高、1,848円：売上原価）

別冊模擬試験　P. 21

第3回　模擬試験　問題

制限時間　60分
解答解説　161ページ

第1問（45点）

8．以前注文を受けていた商品￥200,000を引き渡し、受注時に受け取っていた手付金￥50,000を差し引いた残額は掛けとした。なお、当社負担の発送費￥1,000は現金で支払った。

ア．現金　イ．発送費　ウ．前払金　エ．前受金　オ．売上　カ．売掛金

P. 161

解答

8	エ 前受金	50,000	オ 売上	200,000
	カ 売掛金	150,000	ア 現金	1,000
	イ 発送費	1,000		

P. 163

解説

8 商品の売上

注文時に受け取っていた手付金は、**前受金**［**負債**］で処理しているので、商品を引き渡したときには、**前受金**［**負債**］の減少で処理します。また、当社負担の発送費は**発送費**［**費用**］で処理します。

別冊模擬試験　P. 24

第2問（20点）

(1)　次の各文章の空欄に当てはまる用語を、各文章の下に記載した語句の中から選び、記号で答えなさい。

2．商品売買について、仕入勘定、売上勘定、（　③　）勘定の3つの勘定を用いて処理する方法を（　④　）という。

キ．仕入　ク．売上　ケ．商品　コ．商品売買益　サ．三分法　シ．繰越商品

P. 165

解答

(1)

③	④
シ　繰越商品	サ　三分法

P. 166

解説

2　商品売買の処理方法

商品売買について、商品の仕入時に、**原価**で**仕入勘定の借方**に記入し、商品の売上時に、**売価**で**売上勘定の貸方**に記入し、決算時に、**繰越商品勘定**を用いて処理する方法を**三分法**といいます。

仕入時：	（仕　　入）	××	（買掛金など）	××
売上時：	（売掛金など）	××	（売　　上）	××
決算時：	（仕　　入）	××	（繰越商品）	××
	（繰越商品）	××	（仕　　入）	××

第3問対策ー❷／4問　財務諸表の作成ーⅠ

解答

損益計算書

×2年4月1日から×3年3月31日まで　　(単位：円)

売上原価	(642,000)	売上高	(850,000)
給料	(63,000)	受取利息	(3,000)
支払家賃	(42,000)	(償却債権取立益)	(10,000)
保険料	(38,000)		
貸倒引当金繰入	(2,000)		
(減価償却費)	(40,000)		
支払利息	(7,000)		
法人税等	(9,000)		
当期純利益	(20,000)		
	(863,000)		(863,000)

貸借対照表

×3年3月31日　　(単位：円)

現金		(64,000)	買掛金	(132,100)
当座預金		(258,000)	借入金	(150,000)
売掛金	(120,000)		(未払)費用	(2,000)
貸倒引当金	(2,400)	(117,600)	未払法人税等	(9,000)
商品		(52,000)	資本金	(300,000)
(未収)収益		(1,500)	繰越利益剰余金	(110,000)
(前払)費用		(30,000)		
貸付金		(100,000)		
備品	(200,000)			
減価償却累計額	(120,000)	(80,000)		
		(703,100)		(703,100)

解説

財務諸表を作成する問題です。

1 償却済み債権の回収

前期までに貸倒れ処理した売掛金を回収したときは、回収額を**償却債権取立益［収益］**で処理します。

（現　　　金）	10,000	（償却債権取立益）	10,000

損益計算書　償却債権取立益：10,000円

貸借対照表　現金：54,000円＋10,000円＝64,000円

2 貸倒引当金の設定

売掛金の期末残高に対して貸倒引当金を設定します。

貸倒引当金繰入：120,000円×２％－400円＝2,000円

（貸倒引当金繰入）	2,000	（貸　倒　引　当　金）	2,000

損益計算書　貸倒引当金繰入：2,000円

貸借対照表　貸倒引当金：120,000円×２％＝2,400円

3 売上原価の算定

仕入勘定で売上原価を算定するため、期首商品棚卸高（試算表の「繰越商品」）を**繰越商品［資産］**から**仕入［費用］**に振り替え、期末商品棚卸高を**仕入［費用］**から**繰越商品［資産］**に振り替えます。

（仕　　　入）	44,000	（繰　越　商　品）	44,000
（繰　越　商　品）	52,000	（仕　　　入）	52,000

損益計算書　売上原価（仕入）：650,000円＋44,000円－52,000円＝642,000円

貸借対照表　商品（期末商品棚卸高）：52,000円

4 固定資産の減価償却

備品について、定額法により減価償却をします。

減価償却費：200,000円÷５年＝40,000円

(減価償却費)	40,000	(備品減価償却累計額)	40,000

損益計算書　減価償却費：40,000円

貸借対照表　減価償却累計額：80,000円＋40,000円＝120,000円

5 受取利息の未収計上

受取利息の未収額を計上します。

(未収利息)	1,500	(受取利息)	1,500

損益計算書　受取利息：1,500円＋1,500円＝3,000円

貸借対照表　未収収益*：1,500円

＊　貸借対照表では、「未収利息」は通常、「未収収益」として表示します。

6 支払利息の未払計上

×2年12月１日から×3年３月31日までの４か月分の利息を未払計上します。

未払利息：150,000円×４％×$\frac{4か月}{12か月}$＝2,000円

(支払利息)	2,000	(未払利息)	2,000

損益計算書　支払利息：5,000円＋2,000円＝7,000円

貸借対照表　未払費用*：2,000円

＊　貸借対照表では、「未払利息」は通常、「未払費用」として表示します。

7 支払家賃の前払計上

家賃は、×2年９月１日から向こう１年分を前払いしているので、×3年４月１日から８月31日までの５か月分を前払計上します。

前払家賃：$72,000円 \times \frac{5か月}{12か月} = 30,000円$

（前　払　家　賃）	30,000	（支　払　家　賃）	30,000

損益計算書　支払家賃：72,000円－30,000円＝42,000円

貸借対照表　前払費用*：30,000円

＊　貸借対照表では、「前払家賃」は通常、「前払費用」として表示します。

8 法人税等の計上

（法　人　税　等）	9,000	（未払法人税等）	9,000

損益計算書　法人税等：9,000円

貸借対照表　未払法人税等：9,000円

9 当期純利益の計算

損益計算書の貸借差額で当期純利益（または当期純損失）を計算します。

なお、貸借対照表の繰越利益剰余金の金額は決算整理前残高試算表の金額に、損益計算書で算定した当期純利益を足して計算します。

貸借対照表　繰越利益剰余金：90,000円＋20,000円＝110,000円

（90,000円：決算整理前残高試算表 繰越利益剰余金、20,000円：損益計算書 当期純利益）

第3問対策－❸／4問　財務諸表の作成－Ⅱ

解答

損　益　計　算　書

×6年4月1日から×7年3月31日まで　　　　(単位：円)

費　用	金　額	収　益	金　額
売上原価	(705,000)	売上高	(924,500)
給料	(109,000)	受取手数料	(800)
保険料	(24,000)		
通信費	(4,300)		
水道光熱費	(17,000)		
法定福利費	(18,000)		
貸倒引当金繰入	(1,400)		
減価償却費	(33,000)		
(雑損)	(1,000)		
支払利息	(600)		
法人税、住民税及び事業税	(3,600)		
当期純(利益)	(8,400)		
	(925,300)		(925,300)

貸　借　対　照　表

×7年3月31日　　　　(単位：円)

資　産	金　額		負債・純資産	金　額
現金預金		(342,540)	支払手形	(35,000)
受取手形	(60,000)		買掛金	(22,300)
貸倒引当金	(1,800)	(58,200)	借入金	(144,000)
売掛金	(28,000)		未払費用	(3,000)
貸倒引当金	(840)	(27,160)	未払法人税等	(2,400)
商品		(64,000)	資本金	(380,000)
貯蔵品		(200)	繰越利益剰余金	(68,400)
前払費用		(14,000)		
建物	(200,000)			
減価償却累計額	(99,000)	(101,000)		
備品	(120,000)			
減価償却累計額	(72,000)	(48,000)		
		(655,100)		(655,100)

解説

財務諸表を作成する問題です。

決算整理仕訳を示すと次のとおりです。

1 仮受金の処理

仮受金4,000円は売掛金を回収したものなので、**売掛金［資産］**に振り替えます。

（仮　受　金）	4,000	（売　掛　金）	4,000

貸借対照表　売掛金：32,000円－4,000円＝28,000円

2 現金過不足の処理

現金の実際有高（74,540円）が帳簿残高（80,540円）よりも6,000円少ないので、**現金［資産］**を6,000円減少させます。また、原因が判明した5,000円については**水道光熱費［費用］**で処理し、原因不明の1,000円は**雑損［費用］**で処理します。

（水道光熱費）	5,000	（現　　　金）	6,000
（雑　　　損）	1,000		

損益計算書　水道光熱費：12,000円＋5,000円＝17,000円

雑損：1,000円

3 当座借越の振り替え

問題文の指示にしたがって、当座預金勘定の貸方残高を**借入金［負債］**に振り替えます。

（当 座 預 金）	84,000	（借　入　金）	84,000

貸借対照表

現金預金：	現　　金；	80,540円－6,000円＝	74,540円
	当座預金；	△84,000円＋84,000円＝	0円
	普通預金；		268,000円
	合　　計；		342,540円

借入金：60,000円＋84,000円＝144,000円

4 貸倒引当金の設定

受取手形および売掛金の期末残高に対して貸倒引当金を設定します。なお、1で売掛金4,000円が回収されているので、これを控除することを忘れないようにしてください。

貸倒引当金繰入：(60,000円＋32,000円－4,000円)×３％－1,240円＝1,400円
　　　　　　　　受取手形　売掛金　1回収分

(貸倒引当金繰入)	1,400	(貸　倒　引　当　金)	1,400

損益計算書　貸倒引当金繰入：1,400円

貸借対照表　貸倒引当金（受取手形）：60,000円×３％＝1,800円
　　　　　　　（売　掛　金）：(32,000円－4,000円)×３％＝840円

5 売上原価の算定

仕入勘定で売上原価を算定するため、期首商品棚卸高（試算表の「繰越商品」）を**繰越商品［資産］**から**仕入［費用］**に振り替え、期末商品棚卸高を**仕入［費用］**から**繰越商品［資産］**に振り替えます。

(仕　　　　　入)	69,000	(繰　越　商　品)	69,000
(繰　越　商　品)	64,000	(仕　　　　　入)	64,000

損益計算書　売上原価（仕入）：700,000円＋69,000円－64,000円＝705,000円

貸借対照表　商品（期末商品棚卸高）：64,000円

6 固定資産の減価償却

建物と備品について、定額法により減価償却をします。

減価償却費：建物；200,000円×0.9÷20年＝　9,000円
　　　　　　備品；120,000円÷５年＝　24,000円
　　　　　　合計；　33,000円

(減　価　償　却　費)	33,000	(建物減価償却累計額)	9,000
		(備品減価償却累計額)	24,000

損益計算書　減価償却費：33,000円

貸借対照表　建物減価償却累計額：90,000円＋ 9,000円＝99,000円
　　　　　　備品減価償却累計額：48,000円＋24,000円＝72,000円

7 貯蔵品への振り替え

通信費として計上した郵便切手のうち、未使用分を**通信費**［**費用**］から**貯蔵品**［**資産**］に振り替えます。

(貯　蔵　品)	200	(通　信　費)	200

損益計算書　通信費：4,500円－200円＝4,300円
貸借対照表　貯蔵品：200円

8 保険料の前払計上

「保険料は毎年同額を11月1日に1年分、前払いしている」ということは、前期（×5年）の11月1日にも1年分を支払っています。したがって、前期の決算において、×6年4月1日から10月31日までの7か月分を前払処理しており、さらに当期首において再振替仕訳がされています。そして、当期（×6年）の11月1日にも1年分を支払っているため、試算表の38,000円は前期に前払処理した7か月分と、当期に支払った1年分の合計19か月分ということになります。

このうち、×7年4月1日から10月31日までの7か月分は次期分なので、次期の費用として前払処理します。

① 前期末の仕訳（保険料の前払計上）

(前払保険料)	7か月分	(保　険　料)	7か月分

② 当期首の仕訳（再振替仕訳）

(保　険　料)	7か月分	(前払保険料)	7か月分

③ 期中の仕訳（保険料の支払い）

(保　険　料)	12か月分	(現　金　な　ど)	12か月分

試算表の金額

④ 当期末の仕訳（保険料の前払計上）

(前払保険料)	7か月分	(保　険　料)	7か月分

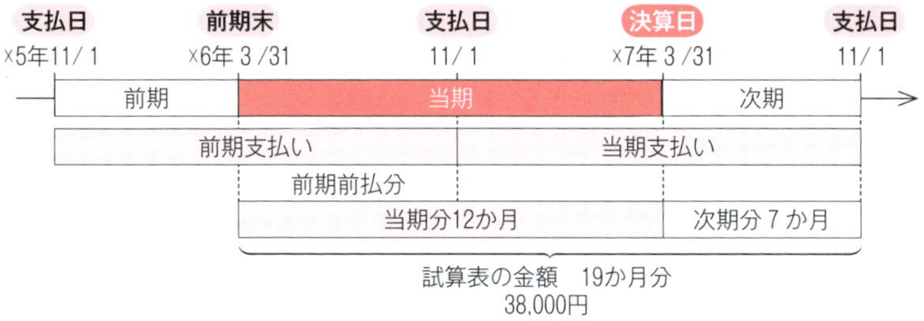

前払保険料：$38{,}000\text{円} \times \dfrac{7\text{か月}}{19\text{か月}} = 14{,}000\text{円}$

（前払保険料）	14,000	（保険料）	14,000

損益計算書　保険料：38,000円－14,000円＝24,000円

貸借対照表　前払費用＊：14,000円

＊　貸借対照表では、「前払保険料」は通常、「前払費用」として表示します。

9 法定福利費の未払計上

（法定福利費）	3,000	（未払法定福利費）	3,000

損益計算書　法定福利費：15,000円＋3,000円＝18,000円

貸借対照表　未払費用＊：3,000円

＊　貸借対照表では、「未払法定福利費」は通常、「未払費用」として表示します。

10 法人税等の計上

（法人税、住民税及び事業税）	3,600	（仮払法人税等）	1,200
		（未払法人税等）	2,400

損益計算書　法人税、住民税及び事業税：3,600円

貸借対照表　未払法人税等：2,400円

11 当期純損益の計算

損益計算書の貸借差額で当期純利益（または当期純損失）を計算します。

なお、貸借対照表の繰越利益剰余金の金額は、決算整理前残高試算表の金額に、損益計算書で算定した当期純利益を足して計算します。

貸借対照表　繰越利益剰余金：60,000円 ＋8,400円＝68,400円

（60,000円：決算整理前残高試算表 繰越利益剰余金、8,400円：損益計算書 当期純利益）

解答

決算整理後残高試算表
×6年3月31日

借方	勘定科目	貸方
68,680	現金	
44,000	受取手形	
56,000	売掛金	
10,900	繰越商品	
800	(貯蔵品)	
80,000	貸付金	
600	(未収)利息	
3,200	(前払)保険料	
450,000	建物	
360,000	備品	
	支払手形	31,000
	買掛金	32,180
	前受金	9,000
	未払金	111,800
	借入金	5,000
	(前受)家賃	2,000
	貸倒引当金	2,000
	建物減価償却累計額	121,500
	備品減価償却累計額	122,000
	資本金	450,000
	繰越利益剰余金	47,000
	売上	808,000
	受取家賃	12,000
	受取利息	1,800
525,300	仕入	
85,000	給料	
5,000	旅費交通費	
4,000	租税公課	
4,800	保険料	
1,500	貸倒引当金繰入	
55,500	減価償却費	
1,755,280		1,755,280

解説

決算整理後残高試算表（後T/B）の問題です。

決算整理仕訳を示すと次のとおりです。

1 仮受金の処理

仮受金7,000円のうち、4,000円は売掛金を回収したものなので、**売掛金［資産］**に振り替え、3,000円は商品の注文を受けたさいに手付金を受け取ったものなので、**前受金［負債］**に振り替えます。

（仮受金）	7,000	（売掛金）	4,000
		（前受金）	3,000

後T/B　売掛金：60,000円－4,000円＝56,000円

前受金：6,000円＋3,000円＝9,000円

2 仮払金の処理

仮払金10,000円は備品購入時の頭金であり、すでに備品の引き渡しを受けていることから、**備品［資産］**に振り替えます。なお、残額110,000円は翌月に支払うため、**未払金［負債］**で処理します。

（備品）	120,000	（仮払金）	10,000
		（未払金）	110,000

後T/B　備品：240,000円＋120,000円＝360,000円

未払金：1,800円＋110,000円＝111,800円

3 当座借越の振り替え

問題文の指示にしたがって、当座預金勘定の貸方残高を**借入金［負債］**に振り替えます。

（当座預金）	5,000	（借入金）	5,000

4 売上原価の算定

仕入勘定で売上原価を算定するため、期首商品棚卸高（決算整理前残高試算表の「繰越商品」）を**繰越商品［資産］**から**仕入［費用］**に振り替え、期末商品棚卸高を**仕入［費**

用］から**繰越商品**［資産］に振り替えます。

（仕　　　入）	9,200	（繰　越　商　品）	9,200
（繰　越　商　品）	10,900	（仕　　　入）	10,900

後T/B　仕入：527,000円＋9,200円－10,900円＝525,300円

5 貯蔵品への振り替え

収入印紙の未使用分を**租税公課**［費用］から**貯蔵品**［資産］に振り替えます。

（貯　蔵　品）	800	（租　税　公　課）	800

後T/B　租税公課：4,800円－800円＝4,000円

6 貸倒引当金の設定

受取手形および売掛金の期末残高に対して貸倒引当金を設定します。なお、1で売掛金4,000円が回収されているので、これを控除することを忘れないようにしてください。

貸倒引当金繰入：（44,000円＋60,000円－4,000円）×２％－500円＝1,500円
（44,000円：受取手形、60,000円：売掛金、4,000円：1回収分）

（貸倒引当金繰入）	1,500	（貸　倒　引　当　金）	1,500

後T/B　貸倒引当金：500円＋1,500円＝2,000円

7 固定資産の減価償却

建物と備品について、定額法により減価償却をします。なお、当期に取得した備品（2の備品）の減価償却費は、取得日（３月１日）から決算日（３月31日）までの１か月分を月割りで計上します。

減価償却費：建　　物；450,000円×0.9÷30年　＝13,500円
　　　　　　備品（旧）；240,000円÷６年　＝40,000円
　　　　　　備品（新）；120,000円÷５年×$\frac{1か月}{12か月}$＝　2,000円
　　　　　　（備品合計）42,000円
　　　　　　合　　計；　55,500円

（減価償却費）	55,500	（建物減価償却累計額）	13,500
		（備品減価償却累計額）	42,000

後T/B　建物減価償却累計額：108,000円＋13,500円＝121,500円
　　　　備品減価償却累計額：80,000円＋42,000円＝122,000円

8 受取利息の未収計上

当期の12月31日までの利息は計上されているので、１月１日から３月31日までの３か月分の利息を未収計上します。

未収利息：80,000円×３％×$\frac{3か月}{12か月}$＝600円

（未収利息）	600	（受取利息）	600

後T/B　受取利息：1,200円＋600円＝1,800円

9 保険料の前払計上

「保険料は毎年12月１日に向こう１年分を支払っている」ということは、前期（×4年）の12月１日にも１年分を支払っています。したがって、前期の決算において、×5年４月１日から×5年11月30日までの８か月分を前払計上しており、さらに当期首において再振替仕訳をしています。そして、当期（×5年）の12月１日にも１年分を支払うため、決算整理前残高試算表の8,000円は前期から前払計上された８か月分と、当期に支払った１年分の合計20か月分ということになります。

このうち、×6年４月１日から11月30日までの８か月分は次期分なので、次期の費用として前払計上します。

① 前期末の仕訳（保険料の前払い）

（前払保険料）	８か月分	（保険料）	８か月分

② 当期首の仕訳（再振替仕訳）

（保　険　料）	8か月分	（前払保険料）	8か月分

③ 期中の仕訳（保険料の支払い）

（保　険　料）	12か月分	（現金など）	12か月分

決算整理前
残高試算表
の金額

④ 当期末の仕訳（保険料の前払い）

（前払保険料）	8か月分	（保　険　料）	8か月分

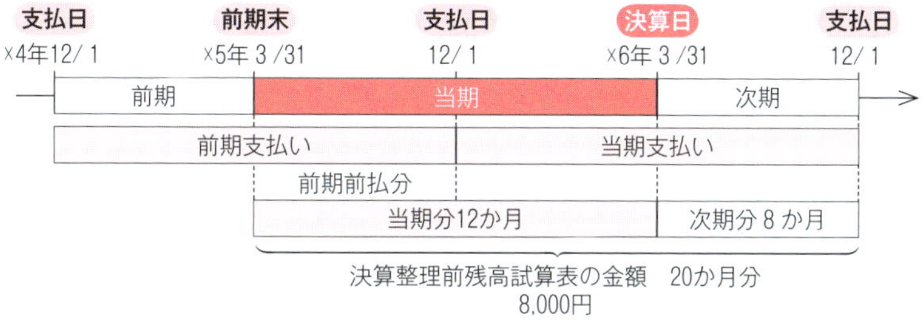

前払保険料：$8{,}000\text{円} \times \frac{8\text{か月}}{20\text{か月}} = 3{,}200\text{円}$

（前払保険料）	3,200	（保　険　料）	3,200

後T/B　保険料：8,000円－3,200円＝4,800円

10 受取家賃の前受処理

「家賃は奇数月の月末に向こう2か月分として¥2,000を受け取っている」とあるので、当期の3月31日に次期の4月分と5月分の合計2,000円を受け取っていることがわかります。したがって次期分を前受処理します。

（受取家賃）	2,000	（前受家賃）	2,000

後T/B　受取家賃：14,000円－2,000円＝12,000円

模擬試験　第1回 解答解説

第1問（45点）

解答

	借方科目	金額	貸方科目	金額
1	ウ 通信費 エ 旅費交通費 オ 消耗品費 カ 雑費	8,500 6,200 3,150 620	ア 当座預金	18,470
2	カ 繰越利益剰余金	550,000	ウ 未払配当金 オ 利益準備金	500,000 50,000
3	オ 損益	4,590,000	イ 仕入 ウ 給料 エ 租税公課	3,600,000 900,000 90,000
4	エ 受取商品券 ア 現金	20,000 5,000	オ 売上	25,000
5	オ 買掛金 ウ 前払金	50,000 20,000	イ 当座預金	70,000
6	イ 貯蔵品	5,500	エ 通信費 カ 租税公課	500 5,000
7	カ 手形借入金	500,000	ア 当座預金	500,000
8	ウ 差入保証金 エ 支払家賃 オ 支払手数料	200,000 100,000 100,000	ア 現金	400,000
9	ア 未収入金 カ 備品減価償却累計額 ウ 減価償却費 オ 固定資産売却損	40,000 200,000 15,000 45,000	イ 備品	300,000
10	ウ 広告宣伝費	4,000	イ 現金過不足 エ 受取手数料 カ 雑益	3,000 600 400
11	エ 所得税預り金	120,000	イ 普通預金	120,000

12	ウ 未払利息	5,000	エ 支払利息	5,000
13	ウ 買掛金	600,000	エ 電子記録債務	600,000
14	ウ 売掛金	50,000	オ 売上	50,000
15	カ 旅費交通費 ア 現金	17,400 2,600	イ 仮払金	20,000

仕訳１つにつき各３点、
合計45点

解説

1 小口現金の処理

会計係は小口現金係から支払報告を受け、仕訳をします。本問では、支払報告と同時に小切手を振り出して資金を補給しているので、報告時と補給時の仕訳を同時に行います。

報告時の仕訳：	(通信費)	8,500	~~(小口現金)~~	~~18,470~~
	(旅費交通費)	6,200		
	(消耗品費)	3,150		
	(雑費)	620		

＋

補給時の仕訳：	~~(小口現金)~~	~~18,470~~	(当座預金)	18,470

↓

解答の仕訳：	(通信費)	8,500	(当座預金)	18,470
	(旅費交通費)	6,200		
	(消耗品費)	3,150		
	(雑費)	620		

2 剰余金の配当

株主配当金は、株主総会において配当金額が決まっただけ（支払いは後日）なので、**未払配当金［負債］**で処理します。また、利益準備金の積立額は、**利益準備金［資本］**で処理します。

3 損益振替の処理

当期純損益を算定するため、各費用の勘定残高は**損益勘定**の**借方**へ、また、各収益の勘定残高は**損益勘定**の**貸方**へ振り替えます。本問では、費用の振り替えのみが問われています。

4 商品券の処理

商品を売り上げ、共通商品券を受け取ったときは、**受取商品券**［資産］で処理します。

5 手付金の処理

商品の注文にあたって、手付金を支払ったときは、手付金の額だけ**前払金**［資産］で処理します。

6 貯蔵品勘定への振り替え

購入時に郵便切手は**通信費**［費用］、収入印紙は**租税公課**［費用］で処理しているので、決算において、残っている分を**貯蔵品**［資産］に振り替えます。

7 手形借入金の処理

資金を借り入れたときに手形を振り出したときは、**手形借入金**［負債］で処理します。本問では借入金を返済しているので**手形借入金**［負債］の減少で処理します。

8 差入保証金、支払家賃、支払手数料の処理

不動産の賃貸借契約を結ぶときに差し入れた敷金は、**差入保証金**［資産］で処理します。また、家賃は**支払家賃**［費用］、不動産会社に支払った仲介手数料は**支払手数料**［費用］で処理します。

差入保証金（敷金）：100,000円×２か月＝200,000円

9 備品の売却

備品を売却したときは、**備品**［資産］と**備品減価償却累計額**を減少させます。また、期首から売却日までの**減価償却費**［費用］を月割りで計上し、売却価額（40,000円）と帳簿価額との差額（仕訳の貸借差額）を**固定資産売却益**［収益］または**固定資産売却損**［費用］で処理します。

減価償却費：$300{,}000\text{円} \div 5\text{年} \times \dfrac{3\text{か月}}{12\text{か月}} = 15{,}000\text{円}$

10 現金過不足の処理

現金過不足の原因が判明したときは、現金過不足を適当な勘定科目に振り替えます。本問では借方に現金過不足が生じていたので、貸方に**現金過不足**を記入します。なお、決算日まで原因が判明しなかった現金過不足については**雑損［費用］**または**雑益［収益］**に振り替えます。

11 源泉所得税の納付

給料の支払時に給料の額から天引きした源泉所得税は**所得税預り金［負債］**で処理しているので、これを納付したときは、**所得税預り金［負債］**の減少で処理します。

12 再振替仕訳

決算日に利息の未払計上をしたときは、翌期首において逆仕訳をしてもとの勘定に振り戻します（再振替仕訳）。

決算で行った仕訳：	（支 払 利 息）	5,000	（未 払 利 息）	5,000
再 振 替 仕 訳：	（未 払 利 息）	5,000	（支 払 利 息）	5,000

13 電子記録債務の発生

買掛金の決済として、電子記録債務の発生記録をしたときは、**電子記録債務［負債］**で処理します。

14 伝票の起票

取引から伝票を起票する問題です。一部現金取引については取引を分解する方法と、２つの取引があったと仮定する方法の２つの起票方法があります。

⑴ 取引の仕訳

（現　　　金）	20,000	（売　　　上）	50,000
（売　掛　金）	30,000		

⑵ 取引を分解する方法

入金伝票：	（現　　　金）	20,000	（売　　　上）	20,000
振替伝票：	（売　掛　金）	30,000	（売　　　上）	30,000

⑶ ２つの取引があったと仮定する方法

この取引をいったん全額掛けで行ったとして、**売掛金**［**資産**］で処理し、そのうち20,000円をただちに小切手（現金）で受け取ったと仮定すると、各伝票の記入は次のようになります。

振替伝票：	（売　掛　金）	50,000	（売　　　上）	50,000
入金伝票：	（現　　　金）	20,000	（売　掛　金）	20,000

⑷ 解答

問題文の入金伝票の勘定科目と金額が「２つの取引があったと仮定する方法」と一致するので、こちらの方法で起票したことがわかります。

15 証ひょうの読み取り

従業員に旅費の概算額を渡したときに、**仮払金**［**資産**］で処理しているので、従業員が帰社して旅費の額が確定したら、**仮払金**［**資産**］から**旅費交通費**［**費用**］に振り替えます。なお、領収書が「有」のものは、旅費交通費支払報告書と領収書の金額を二重に計算しないように気をつけましょう。

第2問 (20点)

解答

(1)

(丸囲みの記号を太字で示す)

補助簿＼取引	1	2	3	4
ア. 現金出納帳	ア	**ア**	**ア**	ア
イ. 当座預金出納帳	**イ**	イ	イ	イ
ウ. 仕入帳	ウ	ウ	ウ	**ウ**
エ. 売上帳	エ	エ	**エ**	エ
オ. 商品有高帳	オ	オ	**オ**	**オ**
カ. 売掛金元帳	カ	カ	**カ**	カ
キ. 買掛金元帳	**キ**	キ	キ	**キ**
ク. 受取手形記入帳	ク	ク	**ク**	ク
ケ. 支払手形記入帳	ケ	ケ	ケ	ケ
コ. 固定資産台帳	コ	**コ**	コ	コ

(2)

仕訳日計表

×1年11月1日

借方	勘定科目	貸方
25,000	現金	12,000
30,000	売掛金	
	買掛金	12,000
	売上	50,000
	受取地代	5,000
22,000	仕入	
2,000	支払手数料	
79,000		79,000

(1)は各問につき2点、
(2)は 1つにつき各2点、
合計20点

解説

(1) 補助簿の選択

取引から記入される補助簿を選択する問題です。

各取引の仕訳を示すと、次のとおりです。

1．買掛金の支払い

(買掛金)	300,000	(当座預金)	300,000

→ 買掛金元帳　　→ 当座預金出納帳

2．備品の購入

→ 固定資産台帳

(備品)	253,000	(未払金)	250,000
		(現金)	3,000

→ 現金出納帳

3．商品の売上

→ 受取手形記入帳　　→ 売上帳・商品有高帳

(受取手形)	50,000	(売上)	60,000
(売掛金)	10,000		

→ 売掛金元帳

(発送費)	1,000	(現金)	1,000

→ 現金出納帳

4．仕入戻し

(買掛金)	5,000	(仕入)	5,000

→ 買掛金元帳　　→ 仕入帳・商品有高帳

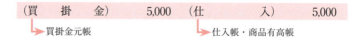

(2) 仕訳日計表の作成

各伝票に記入された取引の仕訳をして、集計します。

① 入金伝票の仕訳

No.101	（現　　金）	20,000	（売　　上）	20,000
No.102	（現　　金）	5,000	（受 取 地 代）	5,000

② 出金伝票の仕訳

No.201	（仕　　入）	10,000	（現　　金）	10,000
No.202	（支 払 手 数 料）	2,000	（現　　金）	2,000

③ 振替伝票の仕訳

No.301	（売 掛 金）	30,000	（売　　上）	30,000
No.302	（仕　　入）	12,000	（買 掛 金）	12,000

第3問（35点）

解答

精　算　表

勘定科目	試算表		修正記入		損益計算書		貸借対照表	
	借方	貸方	借方	貸方	借方	貸方	借方	貸方
現金	38,200		2,400				40,600	
現金過不足	5,500			5,500				
当座預金	724,000						724,000	
受取手形	215,000						215,000	
売掛金	345,000			20,000			325,000	
繰越商品	215,200		294,000	215,200			294,000	
仮払金	16,000			16,000				
建物	1,200,000						1,200,000	
備品	600,000						600,000	
土地	2,500,000						2,500,000	
支払手形		210,000						210,000
買掛金		216,000						216,000
仮受金		32,000	32,000					
前受金		10,000		12,000				22,000
貸倒引当金		10,800		5,400				16,200
建物減価償却累計額		504,000		36,000				540,000
備品減価償却累計額		200,000		100,000				300,000
資本金		4,000,000						4,000,000
繰越利益剰余金		300,000						300,000
売上		3,111,000				3,111,000		
受取地代		264,000		30,000		294,000		
仕入	1,830,000		215,200	294,000	1,751,200			
給料	680,000				680,000			
通信費	49,500			6,400	43,100			
旅費交通費	84,800		13,600		98,400			
広告宣伝費	201,000		14,000		215,000			
保険料	153,600			51,200	102,400			
	8,857,800	8,857,800						
雑（益）				8,500		8,500		
貸倒引当金繰入			5,400		5,400			
（貯蔵品）			6,400				6,400	
減価償却費			136,000		136,000			
（未収）地代			30,000				30,000	
（前払）保険料			51,200				51,200	
当期純（利益）					382,000			382,000
			800,200	800,200	3,413,500	3,413,500	5,986,200	5,986,200

1つにつき５点、合計35点

解説

精算表の問題です。

決算整理仕訳を示すと次のとおりです。

1 現金過不足の処理

現金過不足のうち、原因が判明した14,000円については**広告宣伝費**［**費用**］に振り替え、原因不明分については**雑損**［**費用**］または**雑益**［**収益**］に振り替えます。

（広告宣伝費）	14,000	（現金過不足）	5,500
		（雑　　益）	8,500*

*　貸借差額

2 仮払金の処理

仮払金16,000円のうち、残金2,400円は**現金**［**資産**］に振り替え、残りの13,600円は**旅費交通費**［**費用**］に振り替えます。

（現　　金）	2,400	（仮　払　金）	16,000
（旅費交通費）	13,600		

3 仮受金の処理

仮受金32,000円のうち、20,000円は売掛金を回収したものなので、**売掛金**［**資産**］に振り替え、12,000円は商品注文時に手付金を受け取ったものなので、**前受金**［**負債**］に振り替えます。

（仮　受　金）	32,000	（売　掛　金）	20,000
		（前　受　金）	12,000

4 貸倒引当金の設定

受取手形および売掛金の期末残高に対して貸倒引当金を設定します。なお、3で売掛金20,000円が回収されているので、これを控除することを忘れないようにしてください。

貸倒引当金繰入：(215,000円＋345,000円－20,000円)×３％－10,800円＝5,400円
（215,000円：受取手形、345,000円：売掛金、20,000円：3回収分）

（貸倒引当金繰入）	5,400	（貸　倒　引　当　金）	5,400

5 売上原価の算定

仕入勘定で売上原価を算定するため、期首商品棚卸高（試算表欄の「繰越商品」）を**繰越商品**［資産］から**仕入**［費用］に振り替え、期末商品棚卸高を**仕入**［費用］から**繰越商品**［資産］に振り替えます。

（仕　　　　　入）	215,200	（繰　越　商　品）	215,200
（繰　越　商　品）	294,000	（仕　　　　　入）	294,000

6 貯蔵品への振り替え

郵便切手の未使用分を**通信費**［費用］から**貯蔵品**［資産］に振り替えます。

（貯　　蔵　　品）	6,400	（通　　信　　費）	6,400

7 固定資産の減価償却

建物と備品について、定額法により減価償却をします。

減価償却費：建物；1,200,000円×0.9÷30年＝　36,000円
　　　　　　備品；600,000円÷６年　　　＝100,000円
　　　　　　合計；　　　　　　　　　　　136,000円

（減　価　償　却　費）	136,000	（建物減価償却累計額）	36,000
		（備品減価償却累計額）	100,000

8 受取地代の未収計上

当期の３月分の地代について、当期の収益として未収計上します。

（未　収　地　代）	30,000	（受　取　地　代）	30,000

9 保険料の前払計上

1年分の保険料153,600円のうち、×8年4月1日から×8年7月31日までの4か月分を次期の費用として前払処理します。

前払保険料：153,600円×$\frac{4\text{か月}}{12\text{か月}}$＝51,200円

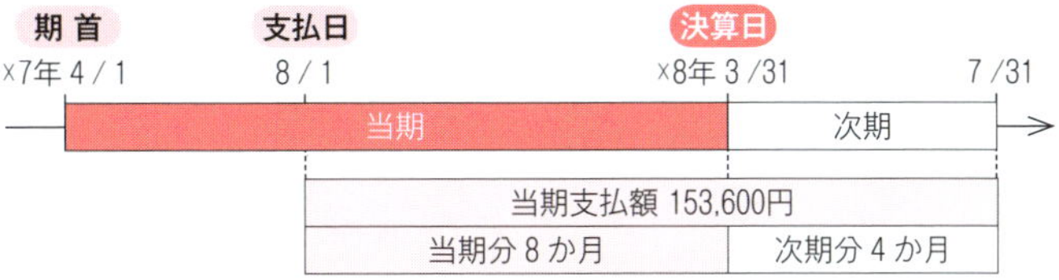

（前払保険料）	51,200	（保険料）	51,200

10 当期純損益の計算

損益計算書欄の貸借差額で当期純利益（または当期純損失）を計算します。なお、当期純利益（または当期純損失）は、貸借対照表欄の貸借差額で計算した金額と一致します。

模擬試験　第２回 解答解説

第1問（45点）

解答

	借　方　科　目	金　額	貸　方　科　目	金　額
1	イ　売掛金	440,000	オ　売上	400,000
			エ　仮受消費税	40,000
2	イ　仮払法人税等	900,000	ア　現金	900,000
3	ア　当座預金	100,000	オ　前受金	40,000
			カ　仮受金	60,000
4	イ　売掛金	140,000	オ　償却債権取立益	140,000
5	イ　従業員立替金	50,000	ア　当座預金	50,000
6	イ　普通預金	4,000,000	エ　資本金	4,000,000
7	エ　損益	250,000	ア　仕入	250,000
8	ウ　借入金	1,000,000	ア　当座預金	1,030,000
	オ　支払利息	30,000		
9	カ　仕入	101,000	エ　買掛金	100,000
			ア　現金	1,000
10	イ　貸倒引当金	30,000	ア　売掛金	50,000
	カ　貸倒損失	20,000		
11	ウ　広告宣伝費	80,000	ア　普通預金	80,300
	オ　支払手数料	300		
12	オ　土地	100,000	イ　当座預金	100,000
13	イ　当座預金	500,000	ウ　普通預金	500,000
14	カ　仕入	30,000	エ　買掛金	30,000
15	イ　備品	610,000	ウ　未払金	614,000
	オ　消耗品費	4,000		

仕訳１つにつき各３点、
合計45点

解説

1 商品の売上げ、消費税の処理

商品を売り上げたときに受け取った消費税額は、**仮受消費税**［**負債**］で処理します。

仮受消費税：400,000円×10％＝40,000円

2 法人税等の中間納付

法人税等（法人税、住民税、事業税）を中間申告・納付したときは、**仮払法人税等**［**資産**］で処理します。

仮払法人税等：500,000円＋150,000円＋250,000円＝900,000円

なお、決算において当期の法人税等が確定したときは、**法人税、住民税及び事業税**を計上し、中間納付時に計上していた**仮払法人税等**［**資産**］と相殺します。そして、**法人税、住民税及び事業税**と**仮払法人税等**との差額は**未払法人税等**［**負債**］で処理します。

確定申告時：

（法人税、住民税及び事業税）	××	（仮払法人税等）	900,000
		（未払法人税等）	××

3 手付金の処理、仮受金の処理

商品の注文を受けたさいの手付金40,000円については、**前受金**［**負債**］で処理します。また、内容不明の入金については、その内容が明らかになるまで**仮受金**［**負債**］で処理しておきます。

4 償却債権取立益の処理

前期に貸倒れとして処理した売掛金を回収したときは、**償却債権取立益**［**収益**］で処理しますが、誤った処理がされているため、これを訂正します。訂正にあたっては、「① 誤った仕訳の逆仕訳」と「② 正しい仕訳」が必要になりますが、指示により①と②の仕訳の当座預金は相殺します。

⑴　**誤った仕訳**

(当座預金)	140,000	(売掛金)	140,000

⑵　**誤った仕訳の逆仕訳**

(売掛金)	140,000	~~(当座預金)~~	~~140,000~~

＋

⑶　**正しい仕訳**

~~(当座預金)~~	~~140,000~~	(償却債権取立益)	140,000

⑷　**訂正仕訳：⑵＋⑶**

(売掛金)	140,000	(償却債権取立益)	140,000

5　立替金の処理

従業員負担の生命保険料を会社が立替払いしたときは、**立替金［資産］**で処理します。なお、本問では指定勘定科目に「従業員立替金」があるので、勘定科目は**従業員立替金［資産］**を用います。

6　株式の発行

株式を発行したときは、払込金額を全額**資本金［資本］**で処理します。

資本金：@50,000円×80株＝4,000,000円

7　費用勘定から損益勘定への振り替え

決算において、費用の勘定残高は損益勘定の借方に振り替えます（仕訳で借方が「損益」となるように振り替えます）。本問では売上原価を仕入勘定で算定しているので、仕入勘定から損益勘定に振り替えます。

8　借入金の返済

借入金を返済したときは、**借入金［負債］**の減少で処理します。なお、支払利息は問題文の指示にしたがって、日割りで計算します。

支払利息：1,000,000円×7.3％×$\frac{150日}{365日}$＝30,000円

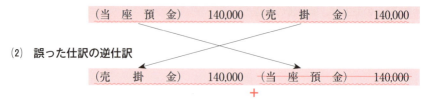

9 商品の仕入れ

商品を仕入れたときにかかった引取運賃は、**仕入**［**費用**］に含めて処理します。

10 貸倒れの処理

前期以前に発生した売掛金が貸し倒れたときは、設定している**貸倒引当金**を取り崩します。そして、貸倒引当金を超える金額については**貸倒損失**［**費用**］で処理します。

11 広告料、振込手数料の処理

広告料は**広告宣伝費**［**費用**］で、振込手数料は**支払手数料**［**費用**］で処理します。

12 有形固定資産の付随費用

有形固定資産を購入し、使用できるまでにかかった金額はその有形固定資産の取得原価に含めて処理します。本問では、購入した土地の整地費用を支払っているので、整地費用100,000円を**土地**［**資産**］で処理します。

13 口座の開設

当座預金口座を開設して、普通預金口座から預け入れたため、**普通預金**［**資産**］を減少させ、**当座預金**［**資産**］を増加させます。

14 伝票の起票

取引から伝票を起票する問題です。一部現金取引については取引を分解する方法と、２つの取引があったと仮定する方法の２つの起票方法があります。

(1) 取引の仕訳

（仕　　入）	40,000	（現　　金）	10,000
		（買　掛　金）	30,000

(2) 取引を分解する方法

出金伝票：	（仕　　入）	10,000	（現　　金）	10,000
振替伝票：	（仕　　入）	30,000	（買　掛　金）	30,000

⑶　2つの取引があったと仮定する方法

この取引をいったん全額掛けで行ったとして、**買掛金［負債］**で処理し、そのうち10,000円をただちに現金で支払ったと仮定すると、各伝票の記入は次のようになります。

振替伝票：	（仕　　　入）	40,000	（買　掛　金）	40,000
出金伝票：	（買　掛　金）	10,000	（現　　　金）	10,000

⑷　解答

問題文の入金伝票の勘定科目と金額が「取引を分解する方法」と一致するので、こちらの方法で起票したことがわかります。

15　証ひょうの読み取り

デスクトップパソコンは**備品［資産］**で、プリンター用紙は**消耗品費［費用］**で処理します。また、設置費用（付随費用）は備品の取得原価に含めて処理します。

備品：600,000円＋10,000円＝610,000円

第2問（20点）

解答

(1)

問1

商品有高帳

（先入先出法）　　　　商品A

日付		摘要	受入			払出			残高		
			数量	単価	金額	数量	単価	金額	数量	単価	金額
6	1	前月繰越	20	410	8,200				20	410	8,200
	6	岩手商事	30	400	12,000				20	410	8,200
									30	400	12,000
	10	青森商事				20	410	8,200			
						20	400	8,000	10	400	4,000
	18	宮城商事	60	450	27,000				10	400	4,000
									60	450	27,000
	22	秋田商事				10	400	4,000			
						35	450	15,750	25	450	11,250
	30	次月繰越				25	450	11,250			
			110	—	47,200	110	—	47,200			
7	1	前月繰越	25	450	11,250				25	450	11,250

問2　純売上高：（¥　56,600）

売上総利益：（¥　20,650）

(2)

未　払　利　息

4/1	[イ 支払利息]	(18,000)	4/1	[エ 前期繰越]	(18,000)
3/31	[オ 次期繰越]	(18,000)	3/31	[イ 支払利息]	(18,000)
		(36,000)			(36,000)

支　払　利　息

6/30	[カ 当座預金]	(24,000)	4/1	[ウ 未払利息]	(18,000)
3/31	[ウ 未払利息]	(18,000)	3/31	[ア 損益]	(24,000)
		(42,000)			(42,000)

1つにつき2点、合計20点

解説

(1) 商品有高帳の記入

商品有高帳に関する問題です。

各取引の仕訳を示すと、次のとおりです。

6月6日	(仕入・商品A)	12,000[*1]	(買掛金)	12,000

＊1　@400円×30個＝12,000円

6月10日	(売掛金)	26,000	(売上・商品A)	26,000[*2]

＊2　@650円×40個＝26,000円

6月18日	(仕入・商品A)	27,000[*3]	(買掛金)	27,000

＊3　@450円×60個＝27,000円

6月20日	(仕入・商品B)	33,000[*4]	(買掛金)	33,000

＊4　@660円×50個＝33,000円

6月22日	(売掛金)	30,600	(売上・商品A)	30,600[*5]

＊5　@680円×45個＝30,600円

問1 商品有高帳の作成

先入先出法によって、商品有高帳を作成します。

なお、本問は商品Aの商品有高帳を作成する問題なので、20日に仕入れた商品Bについてはこの商品有高帳には記入しません。

問2 純売上高と売上総利益

商品Aの純売上高と売上総利益を計算します。

純 売 上 高：26,000円 + 30,600円 = 56,600円
　　　　　　6/10売上　6/22売上

売 上 原 価：8,200円 + 8,000円 + 4,000円 + 15,750円 = 35,950円
　　　　　　6/10払出欄　　　6/22払出欄

売上総利益：56,600円 − 35,950円 = 20,650円

(2) 勘定記入

費用の未払計上に関する、勘定記入の問題です。

タイムテーブルを書いて資料を整理すると、次のとおりです。

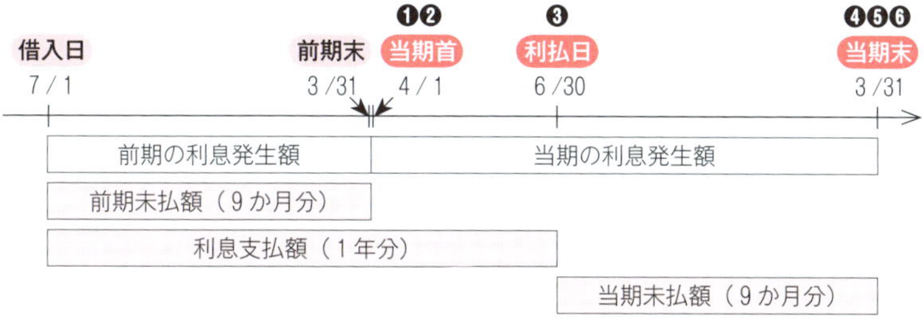

なお、［資料：勘定記入の手順］にもとづいて各日付の記入事項と仕訳を示すと、次のとおりです。

❶ 期首（4/1）の記入（前期繰越額の記入）

未払利息勘定に、前期繰越額を記入します。なお、前期の決算において行われた決算整理仕訳は次のとおりです。

（支 払 利 息）	18,000	（未 払 利 息）	18,000＊1

＊1　$1,000,000円 \times 2.4\% \times \frac{9か月}{12か月} = 18,000円$

❷ 期首（4/1）の記入（再振替仕訳）

前期末に行った利息の未払計上について、再振替仕訳をします。

（未 払 利 息）	18,000	（支 払 利 息）	18,000

❸ 期中（6/30）の記入（利払時の仕訳）

1年分の利息を支払ったときの仕訳をします。

（支 払 利 息）	24,000*2	（当 座 預 金）	24,000

＊2　1,000,000円×2.4％＝24,000円

❹ 当期末（3/31）の記入（利息の未払計上）

当期分の利息の未払計上を行います。

（支 払 利 息）	18,000	（未 払 利 息）	18,000*3

＊3　1,000,000円×2.4％× $\frac{9か月}{12か月}$ ＝18,000円

❺ 当期末（3/31）の記入（損益勘定への振り替え）

支払利息勘定［費用］ の残高を損益勘定の借方に振り替えます。

（損　　益）	24,000	（支 払 利 息）	24,000

❻ 当期末（3/31）の記入（次期繰越額の記入）

未払利息勘定に次期繰越額（当期未払額18,000円）を記入します。

以上より、勘定記入は次のようになります。

未 払 利 息

4/1	［支 払 利 息］	（❷ 18,000）	4/1	［前 期 繰 越］	（❶ 18,000）
3/31	［次 期 繰 越］	（❻ 18,000）	3/31	［支 払 利 息］	（❹ 18,000）
		（36,000）			（36,000）

支 払 利 息

6/30	［当 座 預 金］	（❸ 24,000）	4/1	［未 払 利 息］	（❷ 18,000）
3/31	［未 払 利 息］	（❹ 18,000）	3/31	［損　　益］	（❺ 24,000）
		（42,000）			（42,000）

第3問（35点）

解答

決算整理後残高試算表

×9年3月31日

借　　方	勘 定 科 目	貸　　方
680,000	現　　金	
2,160,000	普 通 預 金	
980,000	売 掛 金	
180,000	繰 越 商 品	
140,000	（前　払）家　賃	
600,000	備　　品	
	買 掛 金	800,000
	（未　払）消 費 税	320,000
	（未　払）法人税等	84,000
	（未　払）利　息	7,500
	借 入 金	1,080,000
	貸 倒 引 当 金	19,600
	備品減価償却累計額	200,000
	資 本 金	1,500,000
	繰越利益剰余金	500,000
	売　　上	9,900,000
	雑　（益）	6,000
6,660,000	仕　　入	
1,530,000	給　　料	
840,000	支 払 家 賃	
265,000	広 告 宣 伝 費	
128,000	水 道 光 熱 費	
7,600	貸倒引当金繰入	
100,000	減 価 償 却 費	
22,500	支 払 利 息	
124,000	法 人 税 等	
14,417,100		14,417,100

（薄い網掛け）1つにつき4点、（濃い網掛け）1つにつき3点、合計35点

模擬試験

解説

決算整理後残高試算表（後T/B）の問題です。

決算整理仕訳を示すと次のとおりです。

1 現金過不足の処理

現金の帳簿残高よりも実際有高のほうが多いので、差額を**雑益**［**収益**］として処理します。

雑益：680,000円－674,000円＝6,000円

（現　　金）	6,000	（雑　　益）	6,000

後T/B　現　金：674,000円＋6,000円＝680,000円

後T/B　雑　益：6,000円

2 商品の売上

未記帳となっている掛け売上を計上します。

（売　掛　金）	100,000	（売　　上）	100,000

後T/B　売掛金：880,000円＋100,000円＝980,000円

後T/B　売　上：9,800,000円＋100,000円＝9,900,000円

3 当座借越の振り替え

問題文の指示にしたがって、当座預金勘定の貸方残高を**借入金**［**負債**］に振り替えます。

（当　座　預　金）	80,000	（借　入　金）	80,000

後T/B　借入金：1,000,000円＋80,000円＝1,080,000円

4 貸倒引当金の設定

売掛金の期末残高に対して貸倒引当金を設定します。なお、2で売掛金100,000円が計上されているので、これを加算することを忘れないようにしてください。

後T/B　貸倒引当金繰入：（880,000円＋100,000円）×２％－12,000円＝7,600円

2掛け売上

（貸倒引当金繰入）	7,600	（貸　倒　引　当　金）	7,600

後T/B　貸倒引当金：12,000円＋7,600円＝19,600円

5 売上原価の算定

仕入勘定で売上原価を算定するため、期首商品棚卸高（試算表の「繰越商品」）を**繰越商品勘定**から**仕入勘定**に振り替え、期末商品棚卸高を**仕入勘定**から**繰越商品勘定**に振り替えます。

（仕　　　　　入）	240,000	（繰　越　商　品）	240,000
（繰　越　商　品）	180,000	（仕　　　　　入）	180,000

後T/B　仕　入：6,600,000円＋240,000円－180,000円＝6,660,000円

後T/B　繰越商品：180,000円

6 固定資産の減価償却

備品について、定額法により減価償却をします。

後T/B　減価償却費：600,000円÷６年＝100,000円

（減　価　償　却　費）	100,000	（備品減価償却累計額）	100,000

後T/B　備品減価償却累計額：100,000円＋100,000円＝200,000円

7 消費税の処理

仮払消費税［資産］と**仮受消費税**［負債］を相殺し、差額を**未払消費税**［負債］で処理します。

（仮　受　消　費　税）	980,000	（仮　払　消　費　税）	660,000
		（未　払　消　費　税）	320,000

後T/B　未払消費税：320,000円

8 支払家賃の前払計上

「支払家賃は奇数月の月末に向こう2か月分として¥140,000を支払っている」とあるので、当期の3月31日に次期の4月分と5月分の合計140,000円を支払っていることがわかります。したがって、次期分を前払処理します。

(前払家賃)	140,000	(支払家賃)	140,000

後T/B　前払家賃：140,000円

後T/B　支払家賃：980,000円－140,000円＝840,000円

9 支払利息の未払計上

当期の12月31日までの利息は計上済みなので、1月1日から3月31日までの3か月分の支払利息を未払計上します。

後T/B　未払利息：$1{,}000{,}000円 \times 3\% \times \frac{3か月}{12か月} = 7{,}500円$

(支払利息)	7,500	(未払利息)	7,500

後T/B　支払利息：15,000円＋7,500円＝22,500円

10 法人税等の計上

当期の法人税等124,000円を計上し、**仮払法人税等**［**資産**］との差額を**未払法人税等**［**負債**］で処理します。

(法人税等)	124,000	(仮払法人税等)	40,000
		(未払法人税等)	84,000

後T/B　法人税等：124,000円

後T/B　未払法人税等：84,000円

模擬試験　第３回 解答解説

第1問（45点）

解答

	借方科目	金額	貸方科目	金額
1	ウ 建物	4,660,000	オ 未払金	4,280,000
			ア 現金	380,000
2	エ 当座預金甲銀行	50,000	ア 現金	130,000
	オ 当座預金Ａ銀行	80,000		
3	ア 現金	8,000	ウ 仮払金	70,000
	カ 旅費交通費	62,000		
4	ア 現金	18,000	カ 現金過不足	18,000
5	オ 租税公課	60,000	ア 現金	60,000
6	イ 仕入	500,000	エ 買掛金	500,000
7	ウ 社会保険料預り金	50,000	ア 普通預金	100,000
	オ 法定福利費	50,000		
8	エ 前受金	50,000	オ 売上	200,000
	カ 売掛金	151,000	ア 現金	1,000
9	イ 建物	1,500,000	ア 普通預金	2,000,000
	カ 修繕費	500,000		
10	イ 現金	20,000	エ 償却債権取立益	20,000
11	ウ 買掛金	300,000	イ 普通預金	300,500
	オ 支払手数料	500		
12	ウ 手形貸付金	400,000	イ 受取利息	10,000
			ア 普通預金	390,000
13	カ 給料	1,000,000	エ 社会保険料預り金	60,000
			オ 所得税預り金	50,000
			イ 普通預金	890,000
14	ウ 受取手形	300,000	カ 売上	300,000
15	エ 未払法人税等	320,000	イ 普通預金	320,000

仕訳１つにつき各３点、合計45点

解説

1 固定資産の購入

固定資産を購入したときは、固定資産自体の購入価額だけでなく、登記料や仲介手数料等の固定資産の購入にかかった付随費用も購入原価に含めます。

建物：4,280,000円＋100,000円＋280,000円＝4,660,000円

なお、固定資産を購入したさいに生じた代金の未払額は**未払金**［負債］で処理します。

2 当座預金への預け入れ（口座ごとに勘定を設定している場合）

当座預金口座へ現金を預け入れたときは、**現金**［資産］から**当座預金**［資産］へ振り替えます。なお、本問では口座ごとに勘定科目を指定しているため、甲銀行口座への預け入れは**当座預金甲銀行**［資産］の増加として、A銀行口座への預け入れは**当座預金A銀行**［資産］の増加として処理します。

3 仮払金の処理

従業員が出張から戻り、旅費の金額が確定したときは、計上していた**仮払金**［資産］を減少させるとともに、確定した旅費の分だけ**旅費交通費**［費用］を計上します。

旅費交通費：70,000円－8,000円＝62,000円

4 現金過不足の処理

現金の実際有高のほうが帳簿残高よりも多いので、**現金**［資産］の増加として処理します。なお、相手科目は現金過不足で処理します。

5 租税公課の処理

収入印紙を購入時に費用として処理した場合は、**租税公課**［費用］として処理をします。

6 商品の仕入

中古車販売業を営んでいるため、中古車（販売用）は商品です。したがって、販売用の中古車を購入したときは、**仕入**［費用］で処理します。また商品の仕入れにかかる掛けなので貸方は**買掛金**［負債］で処理します。

7 健康保険料の納付

給料の支払時に給料の額から天引きした従業員負担分の健康保険料（社会保険料）は、**社会保険料預り金**［負債］で処理しているので、健康保険料を納付したときは、**社会保険料預り金**［負債］の減少で処理します。また、会社負担分は**法定福利費**［費用］で処理します。

8 商品の売上

注文時に受け取っていた手付金は、**前受金**［負債］で処理しているので、商品を引き渡したときには、**前受金**［負債］の減少で処理します。また、先方負担の発送費を立替払いしたときは、**立替金**［資産］で処理するか、**売掛金**［資産］に含めて処理します。本問では、勘定科目に「立替金」がないため、**売掛金**［資産］に含めて処理します。

9 建物の改良と修繕

建物の価値を高めるための資本的支出は**建物**［資産］で処理します。また、建物の本来の機能を維持するための収益的支出は**修繕費**［費用］で処理します。

10 前期に貸倒れ処理した売掛金の回収

前期以前に貸倒れ処理した売掛金を回収したときは、回収額を**償却債権取立益**［収益］で処理します。

11 買掛金の支払い

振込手数料は**支払手数料**［費用］で処理します。

12 手形貸付金の処理

資金を貸し付け、約束手形を受け取ったときは**手形貸付金**［資産］で処理します。そのときに控除した利息分は**受取利息**［収益］で処理します。

13 給料の支払い

給料の支払時に給料の額から天引きした従業員負担分の社会保険料は、**社会保険料預り金**［負債］で、源泉所得税は**所得税預り金**［負債］で処理します。

14 伝票の起票

取引から伝票を起票する問題です。一部現金取引については取引を分解する方法と、２つの取引があったと仮定する方法の２つの起票方法があります。

⑴ 取引の仕訳

(現　　　　　金)	200,000	(売　　　　　上)	300,000
(受　取　手　形)	100,000		

⑵ 取引を分解する方法

入金伝票：

(現　　　　　金)	200,000	(売　　　　　上)	200,000

振替伝票：

(受　取　手　形)	100,000	(売　　　　　上)	100,000

⑶ ２つの取引があったと仮定する方法

この取引をいったん全額について約束手形を受け取ったとして、**受取手形［資産］**で処理し、そのうち200,000円をただちに先方振出しの小切手で受け取ったと仮定すると、各伝票の記入は次のようになります。

振替伝票：

(受　取　手　形)	300,000	(売　　　　　上)	300,000

入金伝票：

(現　　　　　金)	200,000	(受　取　手　形)	200,000

⑷ 解答

問題文の入金伝票の勘定科目と金額が「２つの取引があったと仮定する方法」と一致するので、こちらの方法で起票したことがわかります。

15 証ひょうの読み取り

科目欄に「法人税」とあり、「確定申告」に○がついているので、法人税の確定申告額を納付したものだとわかります。

決算において、下記の仕訳をしているため、確定した法人税等を納付したときには、**未払法人税等［負債］**の減少で処理します。

決算時の仕訳：

(法人税、住民税及び事業税)	××	(仮 払 法 人 税 等)	××
		(未 払 法 人 税 等)	320,000

第2問（20点）

解答

(1)

①	②	③	④	⑤
エ　繰越利益剰余金	オ　借　方	コ　商品売買益	シ　分　記　法	チ　総勘定元帳

(2)

備　　品

×4/4/1	前期繰越	（200,000）	×5/3/31	次期繰越	（560,000）
8/1	未払金	（360,000）			
		（560,000）			（560,000）

備品減価償却累計額

×5/3/31	次期繰越	（148,000）	×4/4/1	前期繰越	（72,000）
			×5/3/31	減価償却費	（76,000）
		（148,000）			（148,000）

(1)は各2点、(2)は□1つにつき各2点、合計20点

解説

(1) 文章の完成

空欄に適当な用語を記入して文章を完成させる問題です。

1 当期純損益の振り替え

決算において、収益の各勘定残高は損益勘定の貸方に振り替えます。また、費用の各勘定残高は損益勘定の借方に振り替えます。

そして、損益勘定の貸借差額で計算した当期純損益は**繰越利益剰余金勘定**に振り替えます。このとき、当期純利益であれば、損益勘定から繰越利益剰余金勘定の貸方に振り替え、当期純損失（本問の場合）であれば、損益勘定から繰越利益剰余金勘定の借方に振り替えます。

当期純利益の振り替え：	（損　　益）	××	（繰越利益剰余金）	××
当期純損失の振り替え：	（繰越利益剰余金）	××	（損　　益）	××

2 商品売買の処理方法

商品売買について、商品の仕入時に**原価**で**商品勘定の借方**に記入し、商品の売上時に**原価**で**商品勘定の貸方**に記入するとともに、売価と原価の差額（利益）を**商品売買益勘定の貸方**に記入する方法を**分記法**といいます。

仕入時：

（商　　　品）	××	（買 掛 金 な ど）	××

売上時：

（売 掛 金 な ど）	××	（商　　　品）	××
		（商 品 売 買 益）	××

なお､商品の仕入時に原価で**仕入［費用］**で処理し､商品の売上時に売価で**売上［収益］**で処理する方法を**三分法**といいます。

3 帳簿

取引が発生したら、仕訳帳に仕訳するとともに、総勘定元帳に**転記**します。仕訳帳と総勘定元帳は必ず作成しなければならない帳簿で**主要簿**とよばれます。なお、現金出納帳や売上帳など、必要に応じて作成する（必ずしも作成する必要はない）帳簿を**補助簿**といいます。

(2) 勘定記入

備品と減価償却に関する勘定記入の問題です。

1 前期繰越

答案用紙の各勘定に「×4/4/1　前期繰越」､「×5/3/31　次期繰越」とあるので、当期は×4年4月1日から×5年3月31日までであることがわかります。

期首（×4年4月1日）において所有する備品は備品Aのみなので、備品勘定の前期繰越額は200,000円（備品Aの取得原価）となります。

また、備品Aは×2年4月1日に取得しているので、前期末（×4年3月31日）までに2年経過しています。そのため、備品減価償却累計額の前期繰越額は備品Aの2年分の減価償却費となります。

備品Aの減価償却費（1年分）：200,000円×0.9÷5年＝36,000円

備品減価償却累計額の前期繰越額：36,000円×2年＝72,000円

2 備品Bの取得

当期の８月１日に備品Ｂを取得しているので、備品勘定の借方（8/1）に備品Ｂの取得原価（360,000円）を記入します。

3 当期の減価償却

決算において、減価償却をします。なお、備品Ｂは当期の８月１日に取得しているので、８月１日から３月31日までの８か月分で減価償却費を計算します。

備品Ａの減価償却費：200,000円×0.9÷５年　＝36,000円

備品Ｂの減価償却費：360,000円÷６年×$\frac{8\text{か月}}{12\text{か月}}$＝40,000円

76,000円

（減価償却費）	76,000	（備品減価償却累計額）	76,000

模擬試験

第3問（35点）

解答

損　益　計　算　書

×8年4月1日から×9年3月31日まで　（単位：円）

費用	金額	収益	金額
売上原価	（1,740,000）	売上高	（3,000,000）
給料	（205,000）	受取手数料	（8,000）
広告宣伝費	（85,000）		
支払家賃	（240,000）		
租税公課	（60,000）		
貸倒引当金繰入	（8,000）		
減価償却費	（78,000）		
雑損	（1,000）		
支払利息	（8,500）		
法人税等	（192,000）		
当期純（利益）	（390,500）		
	（3,008,000）		（3,008,000）

貸　借　対　照　表

×9年3月31日　（単位：円）

資産	金額		負債・純資産	金額
現金預金		（1,066,300）	支払手形	（180,000）
受取手形	（230,000）		買掛金	（107,500）
貸倒引当金	（9,200）	（220,800）	前受金	（5,000）
売掛金	（140,000）		借入金	（250,000）
貸倒引当金	（5,600）	（134,400）	（未払）費用	（2,500）
商品		（635,000）	未払消費税	（122,000）
（貯蔵品）		（15,000）	未払法人税等	（132,000）
（前払）費用		（100,000）	資本金	（1,000,000）
建物	（800,000）		繰越利益剰余金	（890,500）
減価償却累計額	（468,000）	（332,000）		
備品	（300,000）			
減価償却累計額	（114,000）	（186,000）		
		（2,689,500）		（2,689,500）

（薄い網掛け）1つにつき各4点、
（濃い網掛け）1つにつき3点、合計35点

解説

財務諸表を作成する問題です。

決算整理仕訳を示すと次のとおりです。

1 現金過不足の処理

現金の実際有高が6,000円不足しているので、**現金［資産］**を6,000円減少させます。また、原因が判明した5,000円については**広告宣伝費［費用］**で処理し、原因不明の1,000円は**雑損［費用］**で処理します。

（広告宣伝費）	5,000	（現　金）	6,000
（雑　損）	1,000		

損益計算書　広告宣伝費：80,000円＋5,000円＝85,000円

雑　　　損：1,000円

貸借対照表　現金預金：192,000円（現金）＋880,300円（当座預金）－6,000円＝1,066,300円

2 仮受金の処理

仮受金20,000円のうち15,000円は売掛金を回収したものなので、**売掛金［資産］**に振り替えます。また、5,000円は商品の注文を受けたさいの手付金なので、**前受金［負債］**に振り替えます。

（仮受金）	20,000	（売掛金）	15,000
		（前受金）	5,000

貸借対照表　売掛金：155,000円－15,000円＝140,000円

前受金：5,000円

3 貸倒引当金の設定

受取手形および売掛金の期末残高に対して貸倒引当金を設定します。

貸倒引当金繰入：(230,000円＋155,000円－15,000円)×４％－6,800円＝8,000円

（230,000円：受取手形　155,000円：売掛金　15,000円：2回収分）

(貸倒引当金繰入)	8,000	(貸　倒　引　当　金)	8,000

損益計算書　貸倒引当金繰入：8,000円

貸借対照表　貸倒引当金（受取手形）：230,000円×４％＝9,200円

（売　掛　金）：(155,000円－15,000円)×４％＝5,600円

4 売上原価の算定

仕入勘定で売上原価を算定するため、期首商品棚卸高（試算表の「繰越商品」）を**繰越商品**［**資産**］から**仕入**［**費用**］に振り替え、期末商品棚卸高を**仕入**［**費用**］から**繰越商品**［**資産**］に振り替えます。

(仕　　　　　入)	595,000	(繰　越　商　品)	595,000
(繰　越　商　品)	635,000	(仕　　　　　入)	635,000

損益計算書　売上原価（仕入）：1,780,000円＋595,000円－635,000円＝1,740,000円

貸借対照表　商品（期末商品棚卸高）：635,000円

5 固定資産の減価償却

建物と備品について、定額法により減価償却をします。

なお、当期に取得した備品（120,000円）の減価償却費は、取得日（１月１日）から決算日（３月31日）までの３か月分を月割りで計上します。

減価償却費：建　　物；800,000円×0.9÷20年＝36,000円

42,000円 ｛ 備品（旧）；(300,000円－120,000円)÷５年＝36,000円

備品（新）；120,000円÷５年×$\frac{３か月}{12か月}$＝6,000円

合　　計；36,000円＋42,000円＝78,000円

(減　価　償　却　費)	78,000	(建物減価償却累計額)	36,000
		(備品減価償却累計額)	42,000

損益計算書　減価償却費：78,000円

貸借対照表　（建物）減価償却累計額：432,000円＋36,000円＝468,000円

（備品）減価償却累計額：72,000円＋42,000円＝114,000円

6 貯蔵品勘定への振り替え

収入印紙は購入時に**租税公課**［費用］で処理しているので、決算において未使用分を**貯蔵品**［資産］に振り替えます。

（貯　蔵　品）	15,000	（租　税　公　課）	15,000

損益計算書　租税公課：75,000円－15,000円＝60,000円

貸借対照表　貯蔵品：15,000円

7 消費税の処理

仮払消費税［資産］と**仮受消費税**［負債］を相殺し、差額を**未払消費税**［負債］で処理します。

（仮 受 消 費 税）	300,000	（仮 払 消 費 税）	178,000
		（未 払 消 費 税）	122,000

貸借対照表　未払消費税：122,000円

8 支払家賃の前払い

（前　払　家　賃）	100,000	（支　払　家　賃）	100,000

損益計算書　支払家賃：340,000円－100,000円＝240,000円

貸借対照表　前払費用：100,000円

9 支払利息の未払い

借入金のうち100,000円について、当期分の利息を計算し、**支払利息［費用］**を未払計上します。

なお、当期分の利息は×8年６月１日から×9年３月31日までの10か月分です。

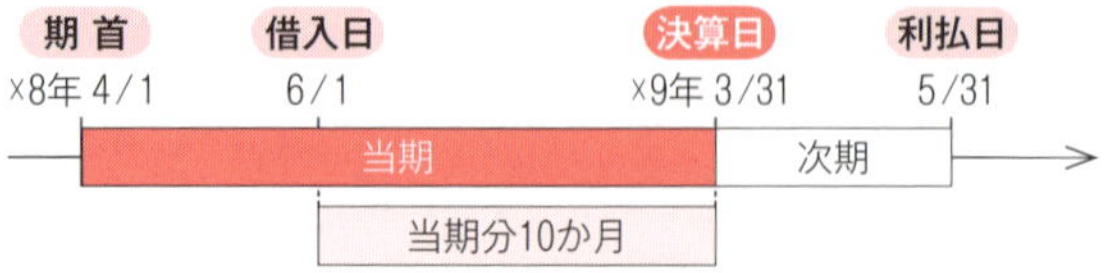

未払利息：100,000円×３％×$\frac{10か月}{12か月}$＝2,500円

(支　払　利　息)	2,500	(未　払　利　息)	2,500

損益計算書　支払利息：6,000円＋2,500円＝8,500円

貸借対照表　未払費用：2,500円

10 法人税等の計上

当期の法人税等192,000円を計上し、**仮払法人税等［資産］**との差額を**未払法人税等［負債］**で処理します。

(法　人　税　等)	192,000	(仮払法人税等)	60,000
		(未払法人税等)	132,000

損益計算書　法人税等：192,000円

貸借対照表　未払法人税等：132,000円

11 当期純損益の計算

損益計算書の貸借差額で当期純利益（または当期純損失）を計算します。なお、当期純利益（または当期純損失）は、貸借対照表の繰越利益剰余金に含めます。

貸借対照表　繰越利益剰余金：500,000円＋390,500円＝890,500円

MEMO

【著　者】

滝澤ななみ（たきざわ・ななみ）

簿記、ＦＰ、宅建士など多くの資格書を執筆している。主な著書は『スッキリわかる日商簿記』１～３級（12年連続全国チェーン売上第１位[※1]）、『みんなが欲しかった！簿記の教科書・問題集』日商２・３級、『みんなが欲しかった！ＦＰの教科書』２・３級（７年連続売上第１位[※2]）、『みんなが欲しかった！ＦＰの問題集』２・３級など。

※１　紀伊國屋書店PubLine/くまざわ書店全店/三省堂書店/丸善ジュンク堂書店/未来屋書店　2009年１月～2020年12月（各社調べ、50音順）

※２　紀伊國屋書店PubLine調べ　2014年１月～2020年12月

〈ホームページ〉『滝澤ななみのすすめ！』
著者が運営する簿記、ＦＰ、宅建士に関する情報サイト。
ネット試験対応の練習問題も掲載しています。
URL：https://takizawananami-susume.jp

〈ブログ〉『滝澤ななみ　簿記とか、FPとか・・・書いて〼』
URL：http://takizawa773.blog.jp/

・装丁：Malpu Design

みんなが欲しかったシリーズ

みんなが欲《ほ》しかった！
簿記《ぼき》の問題集《もんだいしゅう》　日商《にっしょう》３級《きゅう》　商業簿記《しょうぎょうぼき》　第《だい》９版《はん》

2012年２月20日　初　版　第１刷発行
2021年３月22日　第９版　第１刷発行
2021年６月28日　　　　　第３刷発行

著　　者	滝　澤　な　な　み
発 行 者	多　田　敏　男
発 行 所	TAC株式会社　出版事業部（TAC出版）

〒101-8383
東京都千代田区神田三崎町3-2-18
電 話 03(5276)9492(営業)
FAX 03(5276)9674
https://shuppan.tac-school.co.jp

組　　版	株式会社　グ　ラ　フ　ト
印　　刷	株式会社　ワコープラネット
製　　本	東京美術紙工協業組合

ISBN 978-4-8132-9609-6
N.D.C. 336

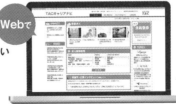

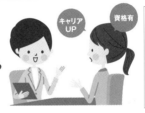

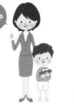

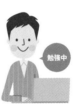

コンセプト問題集

得点力をつける!

『みんなが欲しかった!　やさしすぎる解き方の本』

B5判　滝澤 ななみ 著

- 授業で解き方を教わっているような新感覚問題集。再受験にも有効。

◆3級　□2級

本試験対策問題集

本試験タイプの問題集

『合格するための本試験問題集』

（1級は過去問題集）

B5判

- 12回分（1級は14回分）の問題を収載。ていねいな「解答への道」、各問対策が充実。

◆3級　□2級　■1級

知識のヌケをなくす!

『まるっと完全予想問題集』

（1級は網羅型完全予想問題集）

A4判

- オリジナル予想問題（3級10回分、2級12回分、1級8回分）で本試験の重要出題パターンを網羅。
- 実力養成にも直前の本試験対策にも有効。

◆3級　□2級　■1級

直前予想

『第○回をあてる TAC直前予想模試』

A4判

- TAC講師陣による4回分の予想問題で最終仕上げ。
- 年3回（1級は年2回）、各試験に向けて発行します。

◆3級　□2級　■1級

あなたに合った合格メソッドをもう一冊!

仕訳 **『究極の仕訳集』**

B6変型判

- 悩む仕訳をスッキリ整理。ハンディサイズ、一問一答式で基本の仕訳を一気に覚える。

◆3級　□2級

仕訳 **『究極の計算と仕訳集』**

B6変型判　境 浩一朗 著

- 1級商会で覚えるべき計算と仕訳がすべてつまった1冊!

■1級 商・会

理論 **『究極の会計学理論集』**

B6変型判

- 会計学の理論問題を論点別に整理、手軽なサイズが便利です。

■1級 商・会、全経上級

電卓 **『カンタン電卓操作術』**

A5変型判　TAC電卓研究会 編

- 実践的な電卓の操作方法について、丁寧に説明します!

:本番とまったくおなじ環境でネット試験の演習ができる模擬試験プログラムつき（2級・3級）

・2021年3月現在　・刊行内容、表紙等は変更することがあります　・とくに記述がある商品以外は、TAC簿記検定講座編です

書籍の正誤についてのお問合わせ

万一誤りと疑われる箇所がございましたら、以下の方法にてご確認いただきますよう、お願いいたします。

なお、正誤のお問合わせ以外の書籍内容に関する解説・受験指導等は、**一切行っておりません。**
そのようなお問合わせにつきましては、お答えいたしかねますので、あらかじめご了承ください。

1 正誤表の確認方法

TAC出版書籍販売サイト「Cyber Book Store」の
トップページ内「正誤表」コーナーにて、正誤表をご確認ください。

CYBER BOOK STORE TAC出版書籍販売サイト

URL:https://bookstore.tac-school.co.jp/

2 正誤のお問合わせ方法

正誤表がない場合、あるいは該当箇所が掲載されていない場合は、書名、発行年月日、お客様のお名前、ご連絡先を明記の上、下記の方法でお問合わせください。
なお、回答までに1週間前後を要する場合もございます。あらかじめご了承ください。

文書にて問合わせる

●郵 送 先　〒101-8383 東京都千代田区神田三崎町3-2-18
TAC株式会社 出版事業部 正誤問合わせ係

FAXにて問合わせる

●FAX番号　**03-5276-9674**

e-mailにて問合わせる

●お問合わせ先アドレス　**syuppan-h@tac-school.co.jp**

※お電話でのお問合わせは、お受けできません。また、土日祝日はお問合わせ対応をおこなっておりません。
※正誤のお問合わせ対応は、該当書籍の改訂版刊行月末日までといたします。

乱丁・落丁による交換は、該当書籍の改訂版刊行月末日までといたします。なお、書籍の在庫状況等により、お受けできない場合もございます。
また、各種本試験の実施の延期、中止を理由とした本書の返品はお受けいたしません。返金もいたしかねますので、あらかじめご了承くださいますようお願い申し上げます。

TACにおける個人情報の取り扱いについて
■お預かりした個人情報は、TAC(株)で管理させていただき、お問い合わせへの対応、当社の記録保管および当社商品・サービスの向上にのみ利用いたします。お客様の同意なしに業務委託先以外の第三者に開示、提供することはございません(法令等により開示を求められた場合を除く)。その他、個人情報保護管理者、お預かりした個人情報の開示等及びTAC(株)への個人情報の提供の任意性については、当社ホームページ(https://www.tac-school.co.jp)をご覧いただくか、個人情報に関するお問い合わせ窓口(E-mail:privacy@tac-school.co.jp)までお問合せください。

(2020年10月現在)

簿記の問題集　日商３級

問題編　答案用紙
（第１問対策〜第３問対策）

『簿記の問題集　日商３級』の問題編の答案用紙です。

〈別冊ご利用時の注意〉

この色紙を残したまま冊子をていねいに抜き取り、留め具を外さない状態で、
ご利用ください。また、抜き取りの際の損傷についてのお取替えはご遠慮願います。

留め具は外さないでください。

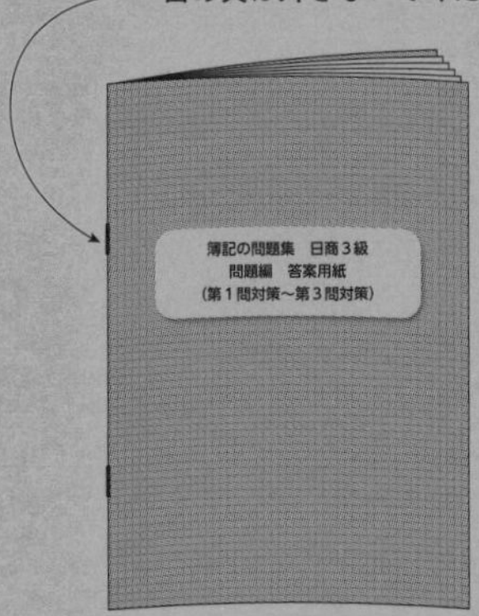

なお、答案用紙については、ダウンロードでもご利用いただけます。
TAC出版書籍販売サイト・サイバーブックストアにアクセスしてください。
https://bookstore.tac-school.co.jp/

簿記の問題集　日商３級
問題編　答案用紙
（第１問対策～第３問対策）

商品売買

	借方科目	金額	貸方科目	金額
1				
2				
3				
4				
5				
6				

現金預金

	借　方　科　目	金　　額	貸　方　科　目	金　　額
1				
2				
3				
4				
5				

第1問対策－❸／7問　手形と電子記録債権（債務）

	借　方　科　目	金　額	貸　方　科　目	金　額
1				
2				
3				
4				

有形固定資産

	借　方　科　目	金　　額	貸　方　科　目	金　　額
1				
2				
3				
4				
5				
6				

第1問対策－❺／7問

その他の取引

	借方科目	金額	貸方科目	金額
1				
2				
3				
4				
5				
6				
7				
8				
9				

	借　方　科　目	金　　額	貸　方　科　目	金　　額
10				
11				
12				
13				
14				
15				
16				
17				
18				

	借　方　科　目	金　　額	貸　方　科　目	金　　額
19				
20				
21				
22				
23				
24				
25				

第1問対策－❻／7問　決算に関する取引等

	借　方　科　目	金　　額	貸　方　科　目	金　　額
1				
2				
3				
4				
5				
6				
7				
8				
9				

	借　方　科　目	金　　額	貸　方　科　目	金　　額
10				
11				

第1問対策－❼／7問　伝票の起票

	借　方　科　目	金　　額	貸　方　科　目	金　　額
1				
2				

小口現金出納帳

受　入	×5年		摘　要	支　払	内　訳			
					旅費交通費	消耗品費	通信費	雑　費
30,000	4	3	小切手					
		〃	電車代	3,500				
		4	ボールペン代	1,000				
		〃	郵便切手代	1,600				
		5	新聞代	3,400				
		〃	コピー用紙代	2,100				
		6	タクシー代	4,400				
		〃	お茶菓子代	2,700				
		7	電話代	4,200				
		〃	バス代	800				
			合　計					
		〃	次週繰越					
	4	10	前週繰越					
		〃	小切手					

日付	借方科目	金　額	貸方科目	金　額
4/7				
4/10				

第2問対策－❷／20問　手形記入帳－Ⅰ

帳簿の名称：(　　　　　　　) 記入帳

取引の仕訳

日付	借　方　科　目	金　額	貸　方　科　目	金　額
9/15				
10/5				
12/15				

第2問対策－❸／20問　手形記入帳－Ⅱ

帳簿の名称：(　　　　　　　) 記入帳

取引の仕訳

日付	借　方　科　目	金　額	貸　方　科　目	金　額
4/10				
5/15				
7/10				

第2問対策－❹／20問　売掛金元帳・買掛金元帳－Ⅰ

売　掛　金　元　帳

鳥　取　商　事

x年		摘　　要	借　方	貸　方	借/貸	残　高
3	1	(　　　　　)			借	
		(　　　　　)			〃	
		(　　　　　)			〃	
		(　　　　　)			〃	
		(　　　　　)			〃	
	31	(　　　　　)				
4	1	(　　　　　)			借	

売　掛　金　明　細　表

	3月1日	3月31日
鳥取商事	¥　300,000	¥
岡山商事	¥　150,000	¥
	¥　450,000	¥

第2問対策－❺／20問　売掛金元帳・買掛金元帳－Ⅱ

5月31日時点の残高

島根商事：¥＿＿＿＿＿＿＿　　広島商事：¥＿＿＿＿＿＿＿

第2問対策－❻／20問　商品有高帳－Ⅰ

商品有高帳

(先入先出法)　　商品甲

日付		摘要	受入			払出			残高		
			数量	単価	金額	数量	単価	金額	数量	単価	金額
5	1	前月繰越	10	300	3,000				10	300	3,000
	10	仕入									
	14	売上									
	20	仕入									
	22	仕入戻し									
	24	売上									
	31	次月繰越									
				－			－				
6	1	前月繰越									

第2問対策－⑦／20問　商品有高帳－Ⅱ

問1

商　品　有　高　帳

（移動平均法）　　　　商　品　A

日付		摘要	受入			払出			残高		
			数量	単価	金額	数量	単価	金額	数量	単価	金額
6	1	前月繰越	20	200	4,000				20	200	4,000
	8	仕入									
	10	売上									
	15	仕入									
	20	売上									
	26	仕入									
	28	仕入戻し									
	30	次月繰越									
				－			－				
7	1	前月繰越									

問2

売上総利益の計算

売上高	（　　　　）
売上原価	（　　　　）
売上総利益	（　　　　）

第2問対策－❽／20問　補助簿の選択

補助簿＼取引	(1)	(2)	(3)	(4)	(5)
ア. 現金出納帳	ア	ア	ア	ア	ア
イ. 当座預金出納帳	イ	イ	イ	イ	イ
ウ. 仕入帳	ウ	ウ	ウ	ウ	ウ
エ. 売上帳	エ	エ	エ	エ	エ
オ. 商品有高帳	オ	オ	オ	オ	オ
カ. 売掛金元帳	カ	カ	カ	カ	カ
キ. 買掛金元帳	キ	キ	キ	キ	キ
ク. 受取手形記入帳	ク	ク	ク	ク	ク
ケ. 支払手形記入帳	ケ	ケ	ケ	ケ	ケ
コ. 固定資産台帳	コ	コ	コ	コ	コ

第2問対策－❾／20問　勘定記入－Ⅰ

(ア)	(イ)	(ウ)	(エ)	(A)

第2問対策－⑩／20問　勘定記入－Ⅱ

仕　　入

10/(　) [　　　] (　　　)	10/(　) [　　　] (　　　)
(　) [　　　] (　　　)	
(　) [　　　] (　　　)	

売　　上

10/(　) [　　　] (　　　)	10/(　) [　　　] (　　　)
	(　) [　　　] (　　　)
	(　) [　　　] (　　　)

売 掛 金

10/ 1　前 月 繰 越　60,000	10/(　) [　　　] (　　　)
(　) [　　　] (　　　)	
(　) [　　　] (　　　)	

買 掛 金

10/(　) [　　　] (　　　)	10/ 1　前 月 繰 越　30,000
	(　) [　　　] (　　　)

第2問対策－⑪／20問　勘定記入－Ⅲ

①	②	③	④	⑤

⑥	⑦	⑧	⑨	⑩

第2問対策－⑫／20問 勘定記入－Ⅳ

保　険　料

(　　)	(　　　　)	(　　　　)	3/31	(　　　　)	(　　　　)
			〃	(　　　　)	(　　　　)
		(　　　　)			(　　　　)

前払保険料

3/31	(　　　　)	(　　　　)	3/31	(　　　　)	(　　　　)

第2問対策－⑬／20問 勘定記入－Ⅴ

ア	イ	ウ	エ	オ
カ	キ	ク	ケ	コ

第2問対策－⑭／20問 勘定記入－Ⅵ

①	②	③	④	⑤

決算仕訳

	借　方　科　目	金　　額	貸　方　科　目	金　　額
1				
2				
3				
4				

証ひょうからの読み取り

	仕訳			
	借方科目	金額	貸方科目	金額
8.20				
8.21				
8.22				
8.25				

伝票－Ⅰ

1.

入 金 伝 票	
科　　　目	金　　　額
土　　　地	200,000

振 替 伝 票			
借 方 科 目	金　　　額	貸 方 科 目	金　　　額
[　　　　]	(　　　　)	[　　　　]	(　　　　)
		[　　　　]	(　　　　)

2.

入 金 伝 票	
科　　　目	金　　　額
売　掛　金	100,000

出 金 伝 票	
科　　　目	金　　　額
[　　　　]	(　　　　)

振 替 伝 票			
借 方 科 目	金　　　額	貸 方 科 目	金　　　額
[　　　　]	(　　　　)	[　　　　]	(　　　　)

第2問対策－⑱／20問　伝票－Ⅱ

	借方科目	金額	貸方科目	金額
問1				
問2				

第2問対策－⑲／20問　仕訳日計表

(1)

仕訳日計表
×1年11月1日

借方	勘定科目	貸方
	現金	
	売掛金	
	買掛金	
	売上	
	受取手数料	
	仕入	

(2) 出金伝票No.202と振替伝票No.302に記録された取引で仕入れた商品の金額

¥（　　　　　）

第2問対策－⑳／20問　**文章の完成**

①	②	③	④	⑤

精　算　表

勘定科目	試算表		修正記入		損益計算書		貸借対照表	
	借方	貸方	借方	貸方	借方	貸方	借方	貸方
現金	13,600							
当座預金	52,000							
受取手形	36,000							
売掛金	44,000							
繰越商品	81,000							
貸付金	20,000							
備品	50,000							
支払手形		22,000						
買掛金		35,200						
仮受金		2,400						
貸倒引当金		700						
備品減価償却累計額		20,000						
資本金		100,000						
繰越利益剰余金		80,000						
売上		667,700						
受取利息		700						
仕入	490,300							
給料	72,000							
通信費	1,800							
支払家賃	44,000							
保険料	24,000							
	928,700	928,700						
雑（　　）								
前受金								
貸倒引当金繰入								
（　　　）								
減価償却費								
（　　）家賃								
（　　）保険料								
当期純（　　）								

第3問対策－❷／4問　財務諸表の作成－Ⅰ

損 益 計 算 書

×2年4月1日から×3年3月31日まで　　　　(単位：円)

売上原価	(　　)	売上高	(　　)
給料	(　　)	受取利息	(　　)
支払家賃	(　　)	(　　)	(　　)
保険料	(　　)		
貸倒引当金繰入	(　　)		
(　　)	(　　)		
支払利息	(　　)		
法人税等	(　　)		
当期純利益	(　　)		
	(　　)		(　　)

貸 借 対 照 表

×3年3月31日　　　　(単位：円)

現金		(　　)	買掛金	(　　)
当座預金		(　　)	借入金	(　　)
売掛金	(　　)		(　　)費用	(　　)
貸倒引当金	(　　)	(　　)	未払法人税等	(　　)
商品		(　　)	資本金	(　　)
(　　)収益		(　　)	繰越利益剰余金	(　　)
(　　)費用		(　　)		
貸付金		(　　)		
備品	(　　)			
減価償却累計額	(　　)	(　　)		
		(　　)		(　　)

損益計算書

×6年4月1日から×7年3月31日まで　　(単位：円)

費用	金額	収益	金額
売上原価	(　　)	売上高	(　　)
給料	(　　)	受取手数料	(　　)
保険料	(　　)		
通信費	(　　)		
水道光熱費	(　　)		
法定福利費	(　　)		
貸倒引当金繰入	(　　)		
減価償却費	(　　)		
(　　)	(　　)		
支払利息	(　　)		
法人税、住民税及び事業税	(　　)		
当期純(　　)	(　　)		
	(　　)		(　　)

貸借対照表

×7年3月31日　　(単位：円)

資産	金額		負債・純資産	金額
現金預金		(　　)	支払手形	(　　)
受取手形	(　　)		買掛金	(　　)
貸倒引当金	(　　)	(　　)	借入金	(　　)
売掛金	(　　)		未払費用	(　　)
貸倒引当金	(　　)	(　　)	未払法人税等	(　　)
商品		(　　)	資本金	(　　)
貯蔵品		(　　)	繰越利益剰余金	(　　)
前払費用		(　　)		
建物	(　　)			
減価償却累計額	(　　)	(　　)		
備品	(　　)			
減価償却累計額	(　　)	(　　)		
		(　　)		(　　)

決算整理後残高試算表の作成

決算整理後残高試算表
×6年3月31日

借方	勘定科目	貸方
	現金	
	受取手形	
	売掛金	
	繰越商品	
	(　　　　)	
	貸付金	
	(　　)利息	
	(　　)保険料	
	建物	
	備品	
	支払手形	
	買掛金	
	前受金	
	未払金	
	借入金	
	(　　)家賃	
	貸倒引当金	
	建物減価償却累計額	
	備品減価償却累計額	
	資本金	
	繰越利益剰余金	
	売上	
	受取家賃	
	受取利息	
	仕入	
	給料	
	旅費交通費	
	租税公課	
	保険料	
	貸倒引当金繰入	
	減価償却費	

簿記の問題集　日商3級

模擬試験
第1回～第3回

この冊子には、模擬試験の問題および答案用紙が収載されています。

〈別冊ご利用時の注意〉

この色紙を残したままていねいに抜き取り、ご利用ください。
また、抜き取りのさいの損傷についてのお取替えはご遠慮願います。

別冊の使い方

Step 1 この色紙を残したまま、ていねいに抜き取ってください。色紙は、本体からとれませんので、ご注意ください。

Step 2 抜き取った用紙を針金のついているページでしっかりと開き、工具を使用して、針金を外してください。針金で負傷しないよう、お気をつけください。

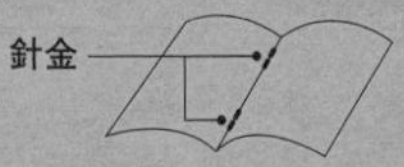

Step 3 アイテムごとに分けて、お使いください。

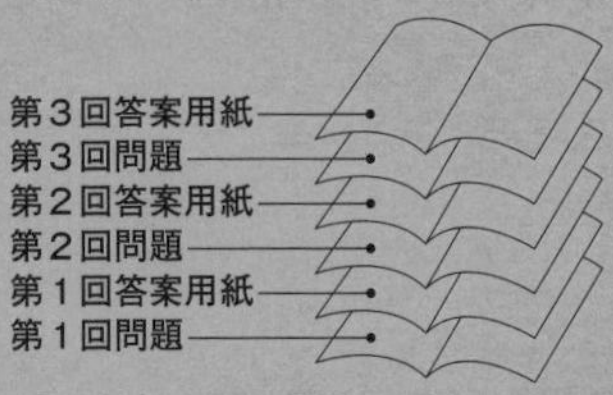

なお、答案用紙はダウンロードでもご利用いただけます。
TAC出版書籍販売サイト・サイバーブックストアにアクセスしてください。
https://bookstore.tac-school.co.jp/

第１回 模擬試験　問題

制限時間　60分
解答解説　136ページ

第１問（45点）

次の取引について仕訳しなさい。ただし、勘定科目は各取引の下の勘定科目から最も適当と思われるものを選び、記号で解答すること。

1．小口現金係から、次の支払報告を受けたため、ただちに小切手を振り出して資金を補給した。なお、当社では定額資金前渡制度（インプレスト・システム）により、小口現金係より毎週金曜日に１週間分の支払報告を受け、これにもとづいて資金を補給している。

通 信 費　￥8,500　　交 通 費　￥6,200　　消耗品費　￥3,150　　雑　　費　￥620

ア．当座預金　イ．普通預金　ウ．通信費　エ．旅費交通費　オ．消耗品費　カ．雑費

2．株主総会で、繰越利益剰余金￥800,000の一部を次のとおり処分することが承認された。

株主配当金　￥500,000　　利益準備金の積み立て　￥50,000

ア．普通預金　イ．当座預金　ウ．未払配当金　エ．資本金　オ．利益準備金

カ．繰越利益剰余金

3．決算整理後の残高は、仕入勘定￥3,600,000（売上原価を算定したもの）、給料勘定￥900,000、租税公課勘定￥90,000であった。当期純損益算定のため、これらの勘定残高を損益勘定へ振り替えた。

8．オフィスビルの一室を１か月の家賃￥100,000で賃借する契約を結び、１か月分の家賃と敷金（家賃の２か月分)、不動産会社への仲介手数料（家賃の１か月分）を現金で支払った。

ア．現金　イ．当座預金　ウ．差入保証金　エ．支払家賃　オ．支払手数料　カ．支払利息

9．不用になった備品（取得原価￥300,000、前期末の減価償却累計額￥200,000、間接法で記帳）を期首から３か月が経過した本日、￥40,000で売却し、代金は翌月に受け取ることとした。なお、この備品は定額法（残存価額ゼロ、耐用年数５年）で減価償却をしており、当期分の減価償却費については月割りで計上すること。

ア．未収入金　イ．備品　ウ．減価償却費　エ．固定資産売却益　オ．固定資産売却損

カ．備品減価償却累計額

10．決算において、期中に借方に計上していた現金過不足￥3,000の原因を調査したところ、広告費￥4,000と受取手数料￥600の計上漏れがあることがわかった。残額は原因が不明なため、雑損または雑益に振り替える。

ア．現金　イ．現金過不足　ウ．広告宣伝費　エ．受取手数料　オ．雑損　カ．雑益

11．従業員の給料から源泉徴収していた所得税￥120,000を普通預金口座から納付した。

ア．当座預金　イ．普通預金　ウ．従業員立替金　エ．所得税預り金　オ．給料　カ．未払金

15. 従業員が出張から戻り、次の報告書と領収書が提出されたとともに、以前に概算払いしていた¥20,000との差額を現金で受け取った。なお、電車運賃は領収書なしでも費用計上することにしている。

旅費交通費支払報告書

飯田一郎

移動先	手段等	領収書	金額
高崎駅	電車	無	¥ 2,300
群馬商事	タクシー	有	¥ 1,800
観音ホテル	宿泊	有	¥ 11,000
帰社	電車	無	¥ 2,300
	合計		¥ 17,400

領収書

運賃　¥1,800－

上記のとおり領収いたしました。

安心交通㈱

領収書

金額　¥11,000－

但し、宿泊料として

上記のとおり領収いたしました。

観音ホテル

ア. 現金　イ. 仮払金　ウ. 前払金　エ. 立替金　オ. 仮受金　カ. 旅費交通費

第２問（20点）

(1)　大分商事は答案用紙に記載している補助簿を用いている。次の取引はどの補助簿に記入されるか、答案用紙の補助簿の記号に○印をつけなさい。

1．仕入先佐賀商事に対する掛代金￥300,000について、小切手を振り出して支払った。

2．備品￥250,000を購入し、代金は後日支払うこととした。なお、設置費用￥3,000は現金で支払った。

3．鹿児島商事に商品￥60,000を売り上げ、代金のうち￥50,000は鹿児島商事振出の約束手形を受け取り、残額は掛けとした。なお、発送運賃￥1,000を現金で支払ったが、これは当社が負担すべきものである。

4．さきに沖縄商事より掛けで仕入れた商品￥5,000について、品違いを理由に返品した。なお、代金は掛け代金から減額する。

(2)　当社は日々の取引を入金伝票、出金伝票、振替伝票に記入し、これを１日分ずつ集計して仕訳日計表を作成している。

下記に示した当社の11月１日の伝票にもとづいて、仕訳日計表を作成しなさい。

入金伝票	No.101
売　　上	20,000

出金伝票	No.201
仕　　入	10,000

振替伝票	No.301
売掛金（青森商店）	30,000

第３問（35点）

次の［期末修正事項等］にもとづいて、答案用紙の精算表を完成させなさい。なお、会計期間は×7年４月１日から×8年３月31日までの１年である。

［期末修正事項等］

1．現金過不足のうち、￥14,000は広告宣伝費の記帳漏れであることが判明したが、そのほかの原因は不明であるため、決算において適切な勘定に振り替える。

2．仮払金は従業員の出張のさいに旅費を概算払いしたもので、従業員は帰社しており、残金￥2,400を現金で受け取っているが、この取引が未処理である。

3．仮受金は上記従業員が出張中に当座預金口座に振り込んだ金額であるが、従業員の帰社により、このうち￥20,000は得意先九州商事に対する売掛金の回収額であり、残額は四国商事から新たな注文を受けたさいの手付金であることが判明した。

4．受取手形および売掛金の期末残高に対して、３％の貸倒引当金を設定する（差額補充法）。

5．期末商品棚卸高は￥294,000である。なお、売上原価は「仕入」の行で計算すること。

6．通信費として計上した郵便切手のうち、期末において未使用分が￥6,400ある。

7．建物および備品に対して、次の資料にもとづいて定額法により減価償却を行う。

　　建物　残存価額：取得原価の10％　耐用年数：30年

　　備品　残存価額：ゼロ　耐用年数：６年

8．当社が保有する土地は当期より長崎商事に貸しているが、３月分の地代￥30,000は翌月５日に

第１回　模擬試験　答案用紙

第１問（45点）

	借方科目	金額	貸方科目	金額
1				
2				
3				
4				

（前ページより）

	借方科目	金額	貸方科目	金額
9				
10				
11				
12				

第2問（20点）

(1)

補助簿＼取引	1	2	3	4
ア．現金出納帳	ア	ア	ア	ア
イ．当座預金出納帳	イ	イ	イ	イ
ウ．仕入帳	ウ	ウ	ウ	ウ
エ．売上帳	エ	エ	エ	エ
オ．商品有高帳	オ	オ	オ	オ
カ．売掛金元帳	カ	カ	カ	カ
キ．買掛金元帳	キ	キ	キ	キ
ク．受取手形記入帳	ク	ク	ク	ク
ケ．支払手形記入帳	ケ	ケ	ケ	ケ
コ．固定資産台帳	コ	コ	コ	コ

(2)

仕訳日計表

×1年11月1日

借方	勘定科目	貸方
	現金	

第3問（35点）

精　算　表

勘定科目	試算表		修正記入		損益計算書		貸借対照表	
	借方	貸方	借方	貸方	借方	貸方	借方	貸方
現金	38,200							
現金過不足	5,500							
当座預金	724,000							
受取手形	215,000							
売掛金	345,000							
繰越商品	215,200							
仮払金	16,000							
建物	1,200,000							
備品	600,000							
土地	2,500,000							
支払手形		210,000						
買掛金		216,000						
仮受金		32,000						
前受金		10,000						
貸倒引当金		10,800						
建物減価償却累計額		504,000						

第2回 模擬試験　問題

制限時間　60分
解答解説　148ページ

第１問（45点）

次の取引について仕訳しなさい。ただし、勘定科目は各取引の下の勘定科目から最も適当と思われるものを選び、記号で解答すること。

1．商品（本体価格￥400,000）を売り上げ、代金は10％の消費税とともに掛けとした。なお、消費税については税抜方式で記帳する。

ア．当座預金　イ．売掛金　ウ．仮払消費税　エ．仮受消費税　オ．売上　カ．租税公課

2．法人税等の中間申告を行い、法人税￥500,000、住民税￥150,000、事業税￥250,000を現金で納付した。

ア．現金　イ．仮払法人税等　ウ．未払法人税等　エ．法人税、住民税及び事業税　オ．損益　カ．繰越利益剰余金

3．出張中の従業員から当座預金口座に￥100,000の入金があった。このうち￥40,000については、得意先から注文を受けたさいに受け取った手付金であるが、残額については、詳細は不明である。

ア．当座預金　イ．売上　ウ．売掛金　エ．前払金　オ．前受金　カ．仮受金

8．取引銀行から借り入れていた￥1,000,000の支払期日が到来し、元金と利息の合計額を当座預金口座から返済した。借入利率は年7.3％で借入期間は150日であった。１年を365日として利息は日割り計算する。

ア．当座預金　イ．未払金　ウ．借入金　エ．受取利息　オ．支払利息　カ．支払手数料

9．仕入先から商品￥100,000を仕入れ、代金は掛けとした。なお、引取り運賃￥1,000は現金で支払った。

ア．現金　イ．当座預金　ウ．売掛金　エ．買掛金　オ．未払金　カ．仕入

10．得意先の倒産により、同店に対する売掛金（前期販売分）￥50,000が貸倒れとなった。なお、貸倒引当金の残高は￥30,000である。

ア．売掛金　イ．貸倒引当金　ウ．売上　エ．償却債権取立益　オ．貸倒引当金繰入
カ．貸倒損失

11．広告料￥80,000を普通預金口座から支払った。そのさい、振込手数料￥300が同口座から引き落とされた。

ア．普通預金　イ．当座預金　ウ．広告宣伝費　エ．支払利息　オ．支払手数料
カ．未払手数料

15. 事務作業に使用する物品を購入し、品物とともに次の請求書を受け取った。なお、代金は後日支払うこととした。

請　求　書

株式会社熊谷商事　御中

株式会社深谷電器

品　　物	数　量	単　価	金　額
デスクトップパソコン	2	300,000	¥　600,000
プリンター用紙（500枚入）	10	400	¥　4,000
設定費用	2	5,000	¥　10,000
	合　計		¥　614,000

×２年７月31日までに合計額を下記口座へお振込みください。

南西銀行××支店　普通　11122333　カ）フカヤデンキ

ア．未収入金　イ．備品　ウ．未払金　エ．前受金　オ．消耗品費　カ．支払手数料

第２問（20点）

(1)　次の６月中の取引等にもとづいて、下記の各問に答えなさい。

６月６日　岩手商事より商品Ａ30個を@￥400で仕入れ、代金は掛けとした。
　　10日　青森商事に商品Ａ40個を@￥650で販売し、代金は掛けとした。
　　18日　宮城商事から商品Ａ60個を@￥450で仕入れ、代金は掛けとした。
　　20日　岩手商事より商品Ｂ50個を@￥660で仕入れ、代金は掛けとした。
　　22日　秋田商事に商品Ａ45個を@￥680で販売し、代金は掛けとした。

問１　商品Ａについて商品有高帳を作成し、締め切りなさい。商品の払出単価の決定方法は先入先出法を採用する（受け入れのさいの残高欄には受入直前の残高もあわせて記入すること）。

問２　６月の商品Ａの純売上高と売上総利益を計算しなさい。

(2)　当社（決算日は３月31日）は、前期の７月１日に銀行から￥1,000,000を年利率2.4％、期間３年で借り入れており、利息の支払いは毎年６月30日に１年分の後払い（当座預金口座より振り替え）としている。

次の［資料：勘定記入の手順］にもとづいて、答案用紙の未払利息勘定と支払利息勘定を埋めなさい。なお、各勘定の［　　］には下記の中からもっとも適当と思うものの記号を記入し、（　　）

第３問（35点）

次の［決算整理前残高試算表］と［決算整理事項等］にもとづいて、答案用紙の決算整理後残高試算表を完成しなさい。なお、会計期間は×8年４月１日から×9年３月31日までの１年である。

［決算整理前残高試算表］

決算整理前残高試算表

×9年３月31日　（単位：円）

借　方	勘定科目	貸　方
674,000	現金	
	当座預金	80,000
2,160,000	普通預金	
880,000	売掛金	
660,000	仮払消費税	
40,000	仮払法人税等	
240,000	繰越商品	
600,000	備品	
	買掛金	800,000
	仮受消費税	980,000
	借入金	1,000,000
	貸倒引当金	12,000

［決算整理事項等］

1．現金の決算整理前帳簿残高は¥674,000で、実際有高は¥680,000であったため、差額を雑損または雑益として処理する。

2．決算日において、商品¥100,000を掛けで販売していたが、これが未記帳であった。

3．当座預金勘定の貸方残高全額を借入金勘定に振り替える。なお、取引銀行とは借越限度額を¥300,000とする当座借越契約を結んでいる。

4．売掛金の期末残高に対して２％の貸倒引当金を設定する（差額補充法）。

5．商品の期末棚卸高（２の商品販売後）は¥180,000である。売上原価は仕入勘定で算定している。

第2回　模擬試験　答案用紙

第1問（45点）

	借方科目	金額	貸方科目	金額
1				
2				
3				
4				

（前ページより）

	借方科目	金額	貸方科目	金額
9				
10				
11				
12				

第2問 (20点)

(1)

問1

商 品 有 高 帳

商 品 A

(先入先出法)

日付		摘 要	受入 数量	受入 単価	受入 金額	払出 数量	払出 単価	払出 金額	残高 数量	残高 単価	残高 金額
6	1	前月繰越	20	410	8,200				20	410	8,200
	6	岩手商事									
	10	青森商事									
	18	宮城商事									
	22	秋田商事									
	30	次月繰越									

第3問（35点）

決算整理後残高試算表
×9年3月31日

借方	勘定科目	貸方
	現金	
	普通預金	
	売掛金	
	繰越商品	
	(　　　)家賃	
	備品	
	買掛金	
	(　　　)消費税	
	(　　　)法人税等	
	(　　　)利息	
	借入金	
	貸倒引当金	
	備品減価償却累計額	
	資本金	
	繰越利益剰余金	

第3回　模擬試験　問題

制限時間　60分
解答解説　161ページ

第1問（45点）

次の取引について仕訳しなさい。ただし、勘定科目は各取引の下の勘定科目から最も適当と思われるものを選び、記号で解答すること。

1．三崎町商事㈱は、事業拡大にともない、四ツ谷不動産を介して、市ヶ谷駅近辺の建物を￥4,280,000で購入し、代金は月末に支払うこととした。なお、登記料￥100,000と四ツ谷不動産への手数料￥280,000については、現金で支払った。

ア．現金　イ．未収入金　ウ．建物　エ．備品　オ．未払金　カ．支払手数料

2．甲銀行とA銀行に当座預金口座を開設し、甲銀行の当座預金口座に￥50,000、A銀行の当座預金口座に￥80,000の現金を預け入れた。なお、当社では、口座ごとに勘定を設定して管理している。

ア．現金　イ．普通預金甲銀行　ウ．普通預金A銀行　エ．当座預金甲銀行
オ．当座預金A銀行

3．従業員が出張から戻り、旅費の精算を行い、残金￥8,000を現金で受け取った。なお、従業員に対しては、出張にあたり、旅費の概算額￥70,000を渡していた。

ア．現金　イ．前払金　ウ．仮払金　エ．前受金　オ．仮受金　カ．旅費交通費

8．以前注文を受けていた商品￥200,000を引き渡し、受注時に受け取っていた手付金￥50,000を差し引いた残額は掛けとした。なお、先方負担の発送費￥1,000は現金で支払った。

ア．現金　イ．発送費　ウ．前払金　エ．前受金　オ．売上　カ．売掛金

9．建物の改修工事を行い、￥2,000,000を普通預金口座から支払った。なお、このうち￥1,500,000は建物の価値を高めるための資本的支出であり、残りは機能を維持するための収益的支出である。

ア．普通預金　イ．建物　ウ．備品　エ．支払手数料　オ．支払家賃　カ．修繕費

10．前期に貸倒れ処理した売掛金￥50,000のうち、￥20,000を現金で回収した。

ア．売掛金　イ．現金　ウ．貸倒引当金　エ．償却債権取立益　オ．貸倒損失

カ．貸倒引当金繰入

11．買掛金￥300,000を普通預金口座から仕入先の普通預金口座に支払った。なお、当社負担の振込手数料￥500も同口座から引き落とされた。

ア．当座預金　イ．普通預金　ウ．買掛金　エ．支払利息　オ．支払手数料　カ．仕入

12．取引先に￥400,000を貸し付け、同額の約束手形を受け取り、利息￥10,000を差し引いた残額を普通預金口座から取引先の口座に振り込んだ。

ア．普通預金　イ．受取利息　ウ．手形貸付金　エ．手形借入金　オ．支払手数料

15. 以下の納付書にもとづき、普通預金口座から振り込んだ。

領　収　証　書

税目
法人税

本　　税	320,000
○　○　税	
△　△　税	
□　□　税	
合　計　額	¥320,000

納期等の区分	x20401 x30331

中間申告　確定申告

住所	東京都××区
氏名	株式会社荒川商事

出納印
x3 5.20
北斗銀行

ア．当座預金　イ．普通預金　ウ．仮払法人税等　エ．未払法人税等　オ．未払消費税
カ．法人税、住民税及び事業税

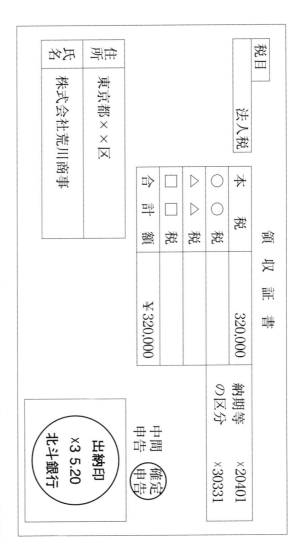

第２問（20点）

(1)　次の各文章の空欄に当てはまる用語を、各文章の下に記載した語句の中から選び、記号で答えなさい。

1．決算において損益勘定で計算した当期純損失は、損益勘定から（　①　）勘定の（　②　）に振り替える。

ア．損益　イ．資本金　ウ．利益準備金　エ．繰越利益剰余金　オ．借方　カ．貸方

2．商品売買について、商品を仕入れたとき、その原価を商品勘定の借方に記入し、商品を売り上げたとき、売り上げた商品の原価を商品勘定の貸方に記入するとともに、売価と原価の差額を（　③　）勘定の貸方に記入する処理方法を（　④　）という。

キ．仕入　ク．売上　ケ．商品　コ．商品売買益　サ．三分法　シ．分記法

3．取引が発生したら仕訳帳に仕訳するとともに、（　⑤　）に転記する。仕訳帳や（　⑤　）は必ず作成しなければならない帳簿で主要簿とよばれる。

ス．売上帳　セ．仕入帳　ソ．補助簿　タ．補助記入帳　チ．総勘定元帳

(2)　次の資料にもとづいて、答案用紙の各勘定に金額を記入しなさい。ただし、当社の決算日は毎年３月31日で、備品の減価償却は定額法によって行っており、月割りで減価償却費を計上している。

第３問（35点）

次の［資料Ⅰ：決算整理前残高試算表］と［資料Ⅱ：決算修正事項］にもとづいて、答案用紙の損益計算書と貸借対照表を完成させなさい。なお、会計期間は×8年４月１日から×9年３月31日までの１年である。

［資料Ⅰ：決算整理前残高試算表］

決算整理前残高試算表
×9年３月31日

借　方	勘定科目	貸　方
192,000	現金	
880,300	当座預金	
230,000	受取手形	
155,000	売掛金	
595,000	繰越商品	
178,000	仮払消費税	
60,000	仮払法人税等	
800,000	建物	
300,000	備品	
	支払手形	180,000

［資料Ⅱ：決算修正事項］

1．決算において、現金の実際有高を調査したところ、帳簿残高よりも￥6,000少ないことが判明した。このうち￥5,000は広告宣伝費の記帳漏れであることが判明したが、残額は原因不明である。

2．仮受金のうち￥15,000は得意先からの売掛金の回収額であり、残額は新たな注文にかかる手付金であることが判明した。

3．受取手形および売掛金の期末残高に対して差額補充法により４％の貸倒引当金を設定する。

4．期末商品棚卸高は￥635,000である。売上原価は仕入勘定で算定している。

5．建物および備品について定額法（建物の残

第3回 模擬試験 答案用紙

第1問（45点）

	借方科目	金額	貸方科目	金額
1				
2				
3				
4				

（前ページより）

	借方科目	金額	貸方科目	金額
9				
10				
11				
12				

第２問（20点）

(1)

①	②	③	④	⑤

(2)

備　　　品

×4/4/1	前期繰越	(　　　)	×5/3/31	次期繰越	(　　　)
8/1	未払金	(　　　)			
		(　　　)			(　　　)

備品減価償却累計額

×5/3/31	次期繰越	(　　　)	×4/4/1	前期繰越	(　　　)
			×5/3/31	減価償却費	(　　　)
		(　　　)			(　　　)

第3問（35点）

損益計算書

×8年4月1日から×9年3月31日まで

（単位：円）

費用	金額	収益	金額
売上原価	（　　）	売上高	（　　）
給料	（　　）	受取手数料	（　　）
広告宣伝費	（　　）		
支払家賃	（　　）		
租税公課	（　　）		
貸倒引当金繰入	（　　）		
減価償却費	（　　）		
雑損	（　　）		
支払利息	（　　）		
法人税等	（　　）		
当期純（　　）	（　　）		
	（　　）		（　　）

貸借対照表

4．商品￥25,000を売り上げ、代金のうち￥20,000は共通商品券で受け取り、残額は現金で受け取った。

ア．現金　イ．普通預金　ウ．売掛金　エ．受取商品券　オ．売上　カ．仕入

5．仕入先に、買掛金￥50,000と商品を注文したさいの手付金￥20,000を、小切手を振り出して支払った。

ア．現金　イ．当座預金　ウ．前払金　エ．前受金　オ．買掛金　カ．仕入

6．郵便切手￥2,000と収入印紙￥20,000を購入したさい、費用計上していたが、決算日において郵便切手のうち￥500と収入印紙のうち￥5,000が未使用であることが判明したため、これらを貯蔵品勘定に振り替えた。

ア．現金　イ．貯蔵品　ウ．消耗品費　エ．通信費　オ．支払手数料　カ．租税公課

7．かねて手形を振り出して借り入れていた￥500,000の返済期限が到来し、同額が当座預金口座から引き落とされるとともに手形の返却を受けた。

ア．当座預金　イ．受取手形　ウ．手形貸付金　エ．支払手形　オ．借入金　カ．手形借入金

ア．繰越商品　イ．未収利息　ウ．未払利息　エ．支払利息　オ．受取利息　カ．損益

13. 仕入先に対する買掛金￥600,000の支払いのため、電子記録債務の発生記録を行った。

ア．売掛金　イ．電子記録債権　ウ．買掛金　エ．電子記録債務　オ．売上　カ．仕入

14. 商品￥50,000を売り上げ、代金のうち￥20,000は先方振出しの小切手を受け取り、残額は掛けとした。このとき、三伝票制を採用している場合で、入金伝票の記載が次のとおりであったときの、振替伝票に記載されるべき仕訳を答えなさい。

入　金　伝　票	
科　　目	金　額
売 掛 金	20,000

ア．現金　イ．当座預金　ウ．売掛金　エ．受取手形　オ．売上　カ．買掛金

3

日商3級　模擬試験　問題

受取地代	5,000

支払手数料	2,000

振替伝票		No.302
仕　入	12,000	
買掛金(岩手商店)		12,000

9．保険料は当期の８月１日に向こう１年分を前払いしたものである。

5				
6				
7				
8				

（次ページに続く）

13				
14				
15				

	買掛金	
	売上	
	受取地代	
	仕入	
	支払手数料	

資本金		4,000,000						
繰越利益剰余金		300,000						
売上		3,111,000						
受取地代		264,000						
仕入	1,830,000							
給料	680,000							
通信費	49,500							
旅費交通費	84,800							
広告宣伝費	201,000							
保険料	153,600							
	8,857,800	8,857,800						
雑（　　）								
貸倒引当金繰入								
（　　）								
減価償却費								
（　　）地代								
（　　）保険料								
当期純（　　）								

当座預金口座に振り込まれたが、誤って貸方を売掛金と処理していたことが判明したので、本日これを訂正する。訂正にあたっては、取引記録のすべてを訂正する方法ではなく、記録の誤りのみを部分的に修正する方法によること。

ア．当座預金　イ．売掛金　ウ．貸倒引当金　エ．貸倒損失　オ．償却債権取立益　カ．売上

5．従業員５名が負担すべき生命保険料￥50,000を小切手を振り出して支払った。なお、この生命保険料は当月末において従業員の給料（総額￥1,250,000）から差し引くことにした。

ア．当座預金　イ．従業員立替金　ウ．未払金　エ．従業員預り金　オ．保険料　カ．給料

6．１株あたり￥50,000で80株の株式を発行し、株式会社を設立した。なお、払込金額は全額普通預金口座に預け入れられた。

ア．当座預金　イ．普通預金　ウ．建物　エ．資本金　オ．利益準備金　カ．繰越利益剰余金

7．仕入勘定で算定された売上原価￥250,000を損益勘定に振り替えた。

ア．仕入　イ．売上原価　ウ．売上　エ．損益　オ．資本金　カ．繰越利益剰余金

を小切手を振り出して支払った。

ア．現金　イ．当座預金　ウ．普通預金　エ．建物　オ．土地　カ．支払手数料

13. 当座預金口座を開設し、普通預金口座から￥500,000を預け入れた。

ア．現金　イ．当座預金　ウ．普通預金　エ．未収入金　オ．未払金　カ．支払手数料

14. 商品￥40,000を仕入れ、代金のうち￥10,000は現金で支払い、残額は掛けとした。このとき、三伝票制を採用している場合で、出金伝票の記載が次のとおりであったときの、振替伝票に記載されるべき仕訳を答えなさい。

出　金　伝　票	
科　目	金　額
仕　入	10,000

ア．現金　イ．当座預金　ウ．売掛金　エ．買掛金　オ．売上　カ．仕入

ア．損益　イ．支払利息　ウ．未払利息　エ．前期繰越　オ．次期繰越　カ．当座預金

［資料：勘定記入の手順］

1．当期の期首において、未払利息勘定に前期繰越に関する記入が行われている。

2．当期の期首において、未払利息勘定から支払利息勘定に振り戻す処理（再振替仕訳）が行われている。

3．当期の６月30日において、利息の支払いの処理をした。

4．当期の決算において、支払利息の未払計上を行った。

5．当期の決算において、支払利息勘定の残高を損益勘定に振り替えた。

6．当期の決算において、未払利息勘定の次期繰越額を記入し、勘定を締め切った。

	資本金	[illegible]
	繰越利益剰余金	500,000
	売上	9,800,000
6,600,000	仕入	
1,530,000	給料	
980,000	支払家賃	
265,000	広告宣伝費	
128,000	水道光熱費	
15,000	支払利息	
14,772,000		14,772,000

年、定額法により減価償却を行う。

7. 消費税の処理（税抜方式）を行う。

8. 支払家賃は奇数月の月末に向こう２か月分として¥140,000を支払っている。

9. 支払利息は借入金¥1,000,000に対する利息であり、当期の12月31日（利払日）までの利息を計上している。なお、利払日後、借入金の金額に変動はなく、年利率３％によって利息の未払高を月割計上する。

10. 法人税等が¥124,000と計算されたので仮払法人税等との差額を未払法人税等として計上する。

5				
6				
7				
8				

（次ページに続く）

13				
14				
15				

問2　純売上高：(¥　　　　　　)
売上総利益：(¥　　　　　　)

(2)

未払利息

4/1	[　　　]	(　　　)	4/1	[　　　]	(　　　)
3/31	[　　　]	(　　　)	3/31	[　　　]	(　　　)
		(　　　)			(　　　)

支払利息

6/30	[　　　]	(　　　)	4/1	[　　　]	(　　　)
3/31	[　　　]	(　　　)	3/31	[　　　]	(　　　)
		(　　　)			(　　　)

	雑　（　　　）	
	仕　　　入	
	給　　　料	
	支払家賃	
	広告宣伝費	
	水道光熱費	
	貸倒引当金繰入	
	減価償却費	
	支払利息	
	法人税等	

4．月末に金庫を調べたところ、現金の実際有高が帳簿残高より￥18,000過剰であったため、帳簿残高と実際有高とを一致させる処理を行った。なお、その原因は現在、調査中である。当社では、現金過不足の雑益勘定または雑損勘定への振り替えは決算時に行っている。

ア．現金　イ．仮払金　ウ．仮受金　エ．雑益　オ．雑損　カ．現金過不足

5．当社は、収入印紙￥60,000を購入し、代金を現金で支払った。なお、収入印紙については、購入時に費用として処理している。

ア．現金　イ．当座預金　ウ．消耗品費　エ．通信費　オ．租税公課　カ．支払手数料

6．中古車販売業を営む当社は、販売用の中古車を￥500,000で購入し、代金は掛けとした。

ア．車両運搬具　イ．仕入　ウ．売掛金　エ．買掛金　オ．未払金　カ．支払手形

7．従業員の健康保険料￥100,000を普通預金口座から納付した。このうち半分は従業員負担分で給料支払時に社会保険料預り金で処理していたものであり、残りの半分は会社負担分である。

ア．普通預金　イ．給料　ウ．社会保険料預り金　エ．従業員立替金　オ．法定福利費
カ．租税公課

13. 従業員の給与の支払いにあたって、給料総額￥1,000,000のうち、本人負担の社会保険料￥60,000と所得税の源泉徴収額￥50,000を差し引いた残額を普通預金口座から支払った。

ア. 当座預金　イ. 普通預金　ウ. 従業員立替金　エ. 社会保険料預り金　オ. 所得税預り金
カ. 給料

14. 商品￥300,000を売り上げ、代金は先方振出しの小切手￥200,000と約束手形￥100,000を受け取った。このとき、三伝票制を採用している場合で、入金伝票の記載が次のとおりであったときの、振替伝票に記載されるべき仕訳を答えなさい。

入　金　伝　票	
科　　目	金　額
受取手形	200,000

ア. 現金　イ. 当座預金　ウ. 受取手形　エ. 未収入金　オ. 売掛金　カ. 売上

	取得日	取得原価	耐用年数	残存価額
備品A	×2年４月１日	￥200,000	５年	取得原価の10％
備品B	×4年８月１日	￥360,000	６年	ゼロ

	仮受消費税	300,000
	借入金	250,000
	仮受金	20,000
	貸倒引当金	6,800
	建物減価償却累計額	432,000
	備品減価償却累計額	72,000
	資本金	1,000,000
	繰越利益剰余金	500,000
	売上	3,000,000
	受取手数料	8,000
1,780,000	仕入	
205,000	給料	
80,000	広告宣伝費	
340,000	支払家賃	
75,000	租税公課	
6,000	支払利息	
5,876,300		5,876,300

備品の残存価額はゼロ、耐用年数は５年）により減価償却を行う。なお、備品のうち￥120,000は当期の１月１日に購入したもので、減価償却費の計算は上記の条件にもとづき、月割りで行う。

6．収入印紙を購入したさい、全額を費用計上したが、このうち￥15,000が決算日現在未使用であったため、貯蔵品勘定に振り替える。

7．消費税の処理（税抜方式）を行う。

8．家賃のうち￥100,000は次期の分なので前払処理をする。

9．借入金のうち￥100,000は当期の６月１日に借入期間１年、利率年３％で借り入れたもので、利息は５月末日に支払うことになっている。そのため、当期分の利息を月割りで未払計上する。なお、これ以外の借入金にかかる利息の処理は適正に行われている。

10．当期の法人税等が￥192,000と計算されたので、仮払法人税等との差額を未払法人税等として計上する。

5				
6				
7				
8				

（次ページに続く）

13				
14				
15				

資産	金額		負債・純資産	金額
現金預金		(　　)	支払手形	(　　)
受取手形	(　　)		買掛金	(　　)
貸倒引当金	(　　)	(　　)	前受金	(　　)
売掛金	(　　)		借入金	(　　)
貸倒引当金	(　　)	(　　)	(　　)費用	(　　)
商品		(　　)	未払消費税	(　　)
(　　)		(　　)	未払法人税等	(　　)
(　　)費用		(　　)	資本金	(　　)
建物	(　　)		繰越利益剰余金	(　　)
減価償却累計額	(　　)	(　　)		
備品	(　　)			
減価償却累計額	(　　)	(　　)		
		(　　)		(　　)